RÉFUTATION

DES DOCTRINES

DE

L'ATELIER,

PAR M. CABET,

EX-DÉPUTÉ,

Ex-Procureur-général, — Avocat à la Cour Royale de Paris.

Deux feuilles in-8°. — Prix : 30 c.

PARIS.

CHEZ PRÉVOT, RUE BOURBON-VILLENEUVE, 61,
ROUANNET, RUE VERDELET, 4,
PILOUT ET COMP., RUE DE LA MONNAIE, 29.

1842.

Paris. — Imprimerie de C. BAJAT, rue Montmartre, 131.

RÉFUTATION
DES DOCTRINES
DE
L'ATELIER.

§ 1er. — M. Buchez et son Ecole.

L'*Atelier* se dit fondé et rédigé par de simples ouvriers : mais toutes ses doctrines sur le *devoir*, le *droit*, le *dévouement*, la *morale*, la *nationalité*, la *liberté*, l'*égalité*, la *fraternité*, l'*unité*, l'*association*, sont celles développées par MM. Buchez et Roux dans les préfaces de l'*Histoire parlementaire*, dans leur journal l'*Européen*, d'abord hebdomadaire, puis mensuel, et dans tous leurs autres écrits. Le petit journal est l'écho du grand journal; ses rédacteurs sont des disciples formés dans l'*école Buchézienne;* on le dirait écrit par le maître, ou sous la dictée, ou sous l'inspiration du maître. Pour le bien apprécier, il faut donc commencer par dire deux mots du maître lui-même et de sa doctrine ou de son système.

Heureusement, nous pouvons débuter par reconnaître les importants services rendus à la science par les nombreux travaux de *MM. Buchez* et *Roux*, et nous aimons à rendre hommage à leurs intentions généreuses, à leurs efforts, au zèle qui nous semble les animer pour le bonheur du Peuple et de l'Humanité. — Nous aimons à croire aussi que leur disciple, l'*Atelier*, n'est généralement animé que de sentiments généreux. — Mais tout cela ne peut pas nous empêcher d'examiner leur théorie, pour l'adopter si nous la croyons la meilleure, pour la repousser et la combattre si nous la trouvons erronée et nuisible.

MM. *Buchez*, médecin, *P.-C. Roux*, *Bouland*, médecin, professent un *système religieux* sur lequel ils basent tous les autres systèmes, politique, social, industriel.

Leur système religieux, c'est celui de la *Bible*, qu'ils appellent *sainte*, et du *Catholicisme*, qu'ils appellent une religion *divine*.

Ils admettent la création suivant la Bible, *un Dieu* créant l'homme à son *image*, un *satan*, des anges, des saints, la *révélation*, la *tradition*, la *divinité* de Jésus-Christ, celle du *St-Esprit*, la presque divinité du *Pape*, la *foi*, etc., etc.

Dans le 1er n° de l'*Européen* (20 octobre 1835), M. *Buchez* dit :

« Nous croyons que le moment est venu de *réaliser socialement* les commandements de la *morale chrétienne*, d'opérer par le *Christianisme*, une RÉVOLUTION plus importante, plus grave, mais analogue à celle que fit Constantin lorsqu'il *changea la religion*, le *gouvernement* et la capitale de l'empire romain ; à celle que fit Clovis lorque, par le *Catholicisme*, il créa la nationalité française ; à celle de Charlemagne, lorsqu'il organisa l'Europe au point de vue *catholique ;* à celle de Grégoire VII, lorsqu'il éleva l'enseignement chrétien *au-dessus des Rois*, et le fit régner sur les Princes comme sur les pauvres ; à celle de Louis X et de Philippe V, lorsqu'ils *abolirent le servage*. Il faut aujourd'hui *transformer en* INSTITUTIONS SOCIALES *tous les commandements, tous les enseignements du Christianisme*...

» C'est ce que l'Europe cherche depuis 400 ans à travers les périls et les douleurs des révolutions. C'est par là que la Société politique peut être sauvée, et par cela seul : telle est notre croyance, tel a été le but de nos travaux. De ce point de vue nous avons *institué une Philosophie* tout entière ; *nouvelle*, nous ne craignons pas de l'affirmer, car elle constitue une déduction qui n'avait pas encore été faite, du principe de la civilisation moderne ; féconde, nous devons le croire, car nous en possédons des preuves assez nombreuses ; et, osons le dire, *intolérante* pour tout ce qui n'est pas elle. »

Ainsi, MM. *Buchez* et Cie veulent une nouvelle révolution comme celle du Christianisme, comme celle de Constantin, comme celle de Grégoire VII ; ils annoncent une nouvelle révélation et un nouveau révélateur ; ils veulent une transformation de la Société actuelle ; ils veulent un nouveau Grégoire VII, gouvernant les Rois et les Peuples au nom de Dieu ; en un mot, c'est une *Théocratie* qu'il veulent, un *Pape* et des *Prêtres* pour gouvernement.

« Nous admettons un *criterium* (un modèle universel et souverain en toutes choses), c'est la *doctrine morale* enseignée par *Jésus-Chhist*... »

Nous aussi nous adoptons la morale de Jésus-Christ, ses principes de liberté, d'égalité, de fraternité, d'unité, parce que nous les croyons la plus haute expression de l'Intelligence et de la Raison humaine : mais nous les voulons dans toute l'étendue que leur donnait Jésus-Christ, tandis que nous verrons MM. *Buchez* et Cie en restreindre l'application ; et nous demandons tout de suite si, quand on veut la réalisation des commandements du Christianisme, ce n'est pas une contradiction, une inconséquence, de repousser la *Commuuauté des biens ?* Est-ce que Jésus-Christ ne recommande pas la *Communauté* tout autant que la Liberté, l'Égalité, la Fraternité ? Comment ! vous reconnaissez Jésus-Christ comme *Dieu ;* vous réclamez la Liberté, l'égalité, la Fraternité, parce qu'il les a proclamées ; et vous repoussez la Communauté qu'il a proclamée comme étant la réalisation de la Fraternité ! Vous scindez, vous divisez sa doctrine ! Vous n'en approuvez et n'en adoptez une partie que parce qu'elle vous plaît ! Vous désapprouvez et rejetez l'autre partie parce qu'elle vous déplaît ! Vous jugez le Dieu

Jésus-Christ! Vous déclarez qu'il s'est *trompé*, qu'il a eu *tort!* Vous vous proclamez plus éclairé, plus clair-voyant, plus divin, plus puissant que lui!

Nous demanderons encore si *l'intolérance* est compatible avec la *liberté?* MM. Buchez et Cie adoptent le fameux *compelle intrare* (faites-les entrer par force) : N'est-ce pas justifier l'Inquisition et ses bûchers, toutes les guerres d'extermination contre les hérétiques ou les dissidents? N'est-ce pas déclarer qu'on ne tolérerait pas même de simples Déistes? N'est-ce pas se poser comme un Dieu infaillible, comme le Dieu jaloux? N'est-ce pas annoncer le despotisme, la tyrannie, la violence et la terreur?

Comment s'étonner qu'un des rédacteurs de l'*Européen* ait publié, en 1835, un gros volume pour prouver qu'il fallait *fortifier Paris!*

MM. *Buchez, Roux* et *Bouland* ont fait *école*, en ouvrant des réunions pour exposer leur système. De l'érudition, du talent, de la hardiesse et de l'énergie pour nier ou pour affirmer, pour imposer en quelque sorte leurs idées, leur ont fait quelques ardents sectateurs parmi les ouvriers et même parmi les rédacteurs en chef du *National*. Aussi fut-on très étonné de voir l'esprit religieux et catholique s'introduire subitement, pendant quelque temps, dans les colonnes de la feuille radicale: l'étonnement fut plus grand encore quand on vit certains hommes aller à la messe et se confesser, etc.; et l'étonnement ne fut guère moindre, quand on vit une petite réunion d'*ouvriers imprimeurs*, excités par l'*Européen*, imprimer gratuitement les *Saints Évangiles*, pour les répandre plus facilement dans la masse ouvrière, en les dédiant fastueusement à la *Nation francaise*, avec une *Introduction* dont nous allons parler.

§ 2. — Introduction à l'édition populaire des Évangiles.

MM. *Buchez* et *Roux*, rédacteurs de cette *Introduction*, y disaient :

« Ce sont des *ouvriers imprimeurs* qui ont eu la *pensée* d'imprimer une édition populaire des Saints Évangiles et de la dédier à la *Nation fraçaise*... Ils ont vu que les pires maux auxquels les pauvres sont condamnés par l'iniquité et par la corruption des heureux du siècle ne sont ni la faim, ni la soif, ni la douleur, ni la maladie, ni la brièveté ou l'insécurité de la vie, rien, en un mot, de ce qui peut faire souffrir et mourir les individus... Ils ont vu que les *mauvais exemples* et les *mauvais enseignements* des *heureux du siècle*, en pervertissant de plus en plus l'esprit et le cœur des pauvres, étaient *le seul fléau* vraiment redoutable... »

Puis, MM. *Buchez* et *Roux* recommandent aux ouvriers la morale du Christianisme, la fraternité, le dévouement. Très bien! mais c'est surtout aux riches, aux heureux du siècle, qu'il faudrait les faire pratiquer; c'est le moyen de les amener à cette pratique qu'il faudrait indiquer, car depuis 1800 ans les prêtres n'ont rien pu faire.

Ils citent l'exemple de villageois qui, quand le chef d'une famille meurt, vont labourer le champ de la veuve et de l'orphelin, et l'exemple des pêcheurs de la Bretagne, qui donnent le dixième de leur pêche aux veuves et aux orphelins; mais quoique ces exemples puissent conduire à la communauté, ce n'est cependant pas là un plan d'organisation sociale.

Ils crient contre l'idole impure de *l'argent*; mais ils ne proposent pas de supprimer la monnaie, et par conséquent ce ne sont que d'inutiles gémissements.

« Pitié, *grand Dieu* (s'écrient-ils), pitié pour ce Peuple! Il embrassa votre *Évangile* dès le commencement; son zèle si longtemps soutenu pour le faire fructifier dans ce monde, son sang tant de fois versé pour le défendre, crient vers vous, *Seigneur*! Vous le voyez, les dominateurs de ce Peuple ont attaché à son corps le joug de la misère, et à son âme le joug du vice et le joug de l'erreur. Et cependant, *ô mon Dieu*, il n'a point oublié les paroles de votre nouvelle alliance... *Seigneur*, ayez pitié de lui! Voici des enfants du Peuple qui vous connaissent et vous implorent; voici de *pauvres ouvriers* qui vous offrent le travail de leurs mains, afin que le Saint Évangile de votre Fils soit répandu parmi les pauvres. Ils croient fermement que le jour où la *France méditera le saint Évangile* de Jésus-Christ, la *France sera sauvée*; et ils nous demandent, à *nous*, qui leur avons inspiré cette croyance, de parler au Peuple afin qu'elle abonde en lui. »

Mais à quoi bon cette prière? Qu'apprend-elle à Dieu qu'il ne sache? Est-ce qu'il a besoin que vous lui fassiez connaître ce qu'ont fait pour lui de pauvres ouvriers et le Peuple entier? Quelle idée avez-vous donc de lui, quand vous supposez qu'il n'a *pas pitié* de ce Peuple et qu'il a besoin que vous lui demandiez d'en *avoir pitié*? S'il a décidé qu'il en aurait *pitié*, à quoi sert votre recommandation ou votre supplication? Et s'il a jugé que ce Peuple ne méritait pas qu'il en eût *pitié*, comment pouvez-vous avoir assez de confiance en votre intervention pour croire que le Régulateur de l'Univers s'arrêtera à écouter le petit bruit de votre petite voix, et qu'il révoquera son arrêt uniquement pour faire plaisir à un atôme, ou pour suivre le sage conseil d'un atôme?

Dans tous les cas, cette invocation, cette prière, n'est pas un système d'organisation sociale!

Puis, MM. *Buchez* et *Roux* consacrent un grand nombre de pages à prouver que la *Nationalité française*, constituée au cinquième siècle, a pour but de réaliser l'Évangile, ou la morale, ou la doctrine de Jésus-Christ adoré comme Dieu.

« Français, nos frères, fermez la bouche à ces *faux sages* qui tentent de vous séduire en ôtant de vos épaules le fardeau du *devoir*, en divinisant vos besoins et vos passions! Or, il n'y a pas un seul de ces *nouveaux docteurs* qui ne vous propose pour mobile votre *bien-être matériel*. Opposez à ces *sophistes* le précepte divin qui vous ordonne de vous *dévouer* à la société de vos frères. »

Mais c'est aux riches surtout et aux heureux qu'il faut persuader de pratiquer le dévouement !

Enfin, MM. *Buchez* et *Roux* recommandent l'*association* par spécialité de métiers, comme étant le *système social* prescrit par l'Évangile pour organiser l'unité humaine. Ils proposent un capital social inaliénable, le travail en commun, et le *dévouement* qui fait penser aux autres avant de penser à soi ; mais, par la plus évidente des contradictions, ils veulent un partage inégal, intéressé, égoïste, le partage des produits au prorata du travail.

Ce sont quelques-uns de ces ouvriers imprimeurs, guidés, encouragés, protégés par MM. *Buchez* et *Roux*, et par le *National*, qui ont entrepris de fonder l'*Atelier*, en appelant à leur aide les souscriptions des autres ouvriers, en leur cachant leurs doctrines Buchéziennes, mais en réalité pour développer ces doctrines, qu'ils croyaient les meilleures, pour continuer en quelque sorte l'*Européen*, qui, suivant une note de M. Buchez, n'eut jamais guère plus d'une *centaine* d'abonnés. — A la propagande de l'*Européen* parmi les savants, succéda donc la propagande de l'*Atelier* parmi les ouvriers; car les doctrines sont absolument les mêmes; il n'y a pas jusqu'aux *fortifications-bastilles* qui ne soient approuvées par l'*Atelier* presque autant que par le *National* et par M. *Buchez*.

§ 3. Fondation de l'Atelier. — Prospectus.

A l'époque des coalitions d'ouvriers, au milieu de 1840, quelques ouvriers Buchézistes composent un *Comité d'organisation*, et publient un premier *Prospectus* adressé *aux ouvriers* de toutes les professions, dans lequel ils disent :

« Pour apprécier à fond la situation des ouvriers, *il faut être ouvrier soi-même*... Nous ne devons compter que sur nous-mêmes Dès lors une *réunion d'ouvriers* s'est chargée *d'organiser la* PUBLICATION *d'un journal* consacré à l'examen, à la discussion et à la défense de NOS INTÉRÊTS.

« Ce *Comité* d'organisation a reconnu que le point de départ de notre amélioration future résidait dans le principe moral que résume cette devise de nos pères : *Liberté*, *égalité*, *fraternité*, *unité*, d'où découlent le principe politique de la *Souveraineté du Peuple*, et le principe industriel de l'*Association*.

« Ainsi donc, notre publication prêchera la *réforme électorale*, SEULE ROUTE ouverte aujourd'hui à la réalisation de la Souveraineté populaire, et l'*association industrielle*, UNIQUE MOYEN d'obtenir la plus juste répartition des produits du travail.

« C'est donc une *croisade pacifique* que nous entreprenons contre le *privilége politique et industriel*; nous poursuivons la *réalisation* des principes posés par la Révolution française. Nous voulons : — la LIBERTÉ, c'est-à-dire l'*entier et le libre exercice* des facultés de l'homme, ayant pour limite le point où il *gêne* autrui ; — l'ÉGALITÉ, c'est-à-dire les *mêmes moyens* donnés à tous pour parvenir à la *place marquée à chacun* par sa moralité, son dévouement et son intelligence; —la FRATERNITÉ, qui substitue le *dévouement* à l'égoïsme et qui exige le *sacrifice* de l'individu à la Société; — enfin l'*Unité humaine*, dernier terme connu de la civilisation.

« Dans ce but, nous appelons à nous *tous les ouvriers* qui ont encore de la confiance dans l'avenir.

« A l'œuvre donc, amis ! Jetons les fondements de ce qui sera plus tard le centre de l'*association générale des travailleurs !* »

Signé le *Comité d'organisation.*

Qui composait ce Comité? Nous l'ignorons, et nous croyons qu'il aurait été plus franc, plus populaire, d'en désigner les membres. On aurait su qui parlait aux ouvriers. On aurait probablement vu que c'étaient en général des disciples de *Buchez*, qui n'avaient certainement aucune raison pour ne pas l'avouer hautement. On aurait encore vu probablement que c'étaient les mêmes membres qui ont ensuite composé le *Comité de rédaction*, et qui s'y sont perpétués. Ce qui est certain, d'après la lecture du Prospectus, c'est que ses rédacteurs s'expriment comme des hommes qui ont un plan arrêté, une théorie arrêtée, un système arrêté, qui ont assez de confiance en leur capacité pour décider tranchément quelle était la *seule route* à suivre et l'*unique moyen* de réussir, et qui sont sûrs de composer toujours le Comité de rédaction, pour suivre invariablement ce plan, cette théorie, ce système. Assurément, il n'y a rien de mal dans tout cela; mais s'il est vrai que l'*Atelier* soit une fondation Buchézienne, nous aimerions mieux qu'on l'eût annoncée franchement comme telle.

§ 4. — Organisation de l'Atelier.

Le *Prospectus* ajoute :

« Tous les ouvriers qui *adoptent les principes* posés par le Comité d'organisation sont appelés à devenir *fondateurs* du journal.

« Les cent cinquante premiers inscrits procéderont immédiatement à la nomination d'un *Directeur-gérant* responsable et d'un *Comité de rédaction* et de surveillance, composé d'un membre par dix fondateurs. — Ce Conseil se renouvellera par *cinquième* tous les *trois mois* (en sorte que les membres sont nommés pour trois, ou six, ou neuf, ou douze, ou quinze mois, et ensuite tous pour quinze mois); les sortants par la voie du sort pourront être *réélus* (les influents qui voudront être réélus le seront toujours).

« Les fondateurs s'engagent à payer entre eux 1200 exemplaires de chaque numéro.

« Tous les ouvriers, sans exception, sont admis à participer à sa rédaction, *sauf l'approbation* de leurs articles par le Comité de rédaction. »

Nous ne croyons pas qu'il soit possible, surtout à des ouvriers, de bien composer un journal en le rédigeant ainsi; car, comment peut-il y avoir de l'ensemble en agissant de la sorte, et comment un grand nombre d'ouvriers peuvent-ils avoir le temps de se consacrer à la rédaction d'un journal et aux recherches qu'elle exige ? Nous croyons qu'en réalité ce n'est qu'un petit nombre d'ouvriers, et toujours les mêmes, qui se trouvent chargés de la rédaction, et qu'ils prennent insensiblement les habitudes et les manières des écrivains et des journalistes ordinaires. Point de mal à cela, sans doute ; mais ce n'est pas un véritable *Comité d'ouvriers.*

On sait d'ailleurs comment, dans la pratique, les choses se passent dans de pareils Comités de rédaction ; on sait comment se font les convocations, les réunions, les élections, les discussions, les décisions ; on sait combien la négligence est commune, combien il est difficile de connaître la véritable opinion de la masse, combien les membres actifs, ardents, ambitieux ou dévoués, ont d'avantage et d'influence sur les autres, en un mot combien il est facile à une minorité qui se concerte d'imposer sa volonté à la majorité. De pareils Comités sont ordinairement une déception : c'est une dictature occulte, sans frein et sans responsabilité.

Le premier numéro (septembre) de l'*Atelier* ajoute :

« L'*Atelier* est fondé par des ouvriers qui en font les frais. Pour être reçu fondateur, il faut *vivre de son travail personnel.* Les *hommes de lettres* ne sont admis que comme *correspondants.* »

Ainsi, les *hommes de lettres* sont exclus comme fondateurs, et ne peuvent être admis ni pour élire les rédacteurs, ni pour être élus, ce qui n'empêche pas les membres les plus influents du Comité de rédaction de consulter clandestinement soit M. *Buchez*, soit les rédacteurs du *National*, soit tous autres hommes de lettres, et d'apporter comme rédigés par eux des articles rédigés par d'autres.

§ 5. Composition du Comité de rédaction.

Le premier Comité, élu par cent cinquante fondateurs au plus, se compose de quinze membres, savoir :

Anthime Corbon, prenant la qualité tantôt d'imprimeur, tantôt de sculpteur en bois, tantôt de menuisier ; *Devaux*, imprimeur ; *Delorme,* tailleur ; *Lambert*, teneur de livres ; *Gaillard,* fondeur ; *Garnier*, copiste ; *Petit-Gérard*, dessinateur ; *Belin*, tailleur ; *André Martin,* charpentier ; *Varin,* commis en produits chimiques ; *Lambert,* cordonnier ; *Lambert*, commis-négociant : *Garnot*, bijoutier ; *Very,* menuisier ; *Chavant*, imprimeur.

Les cinq premiers seront toujours membres du Comité.

Les autres seront remplacés par : *Fortin*, toiseur, pendant quinze mois ; *Stévenot*, imprimeur, pendant un an ; *Deschamps,* chapelier ; *Quenot*, id. ; *Pascal*, imprimeur ; *Robréau*, tailleur ; tous pendant neuf mois ; *Jacquin*, mécanicien ; *Danguy,* imprimeur ; *Cheré*, teneur de livres ; pendant six mois ; etc., etc.

M. *Leneveux*, imprimeur, est nommé *directeur-gérant* perpétuel, avec un traitement et un bureau.

Ainsi, en réalité, ce sont MM. Corbon, Devaux, Delorme, Lambert, Gaillard, Garnier, Petit-Gérard, Belin, Fortin, Stévenot, Deschamps, Quenot, Pascal, Robreau, Jacquin, Daubigny, Chevé, Leneveux, qui rédigent l'*Atelier*, ou qui dirigent essentiellement sa rédaction.

Et la rédaction possède sept *imprimeurs*, quatre tailleurs, trois chapeliers, un copiste, un dessinateur, des cordonniers, des charpentiers, etc., etc.; mais on n'y voit ni maçons, ni une foule d'autres professions.

§ 6 — L'Atelier est-il rédigé par des Ouvriers ?

Nous avons déjà vu le *prospectus* et le *premier numéro* dire que le journal sera rédigé par des *ouvriers* vivant de leur travail personnel, non hommes de lettres. Le premier numéro dit encore :

« Le journal dont nous livrons aujourd'hui le premier numéro au public, est adressé aux ouvriers *par des ouvriers*. En prenant la plume, nous ne quitterons point l'*atelier*; nous resterons ce que nous avons été jusqu'à présent... »

Mais qu'est-ce qu'un ouvrier vivant de son travail personnel, travaillant dans l'atelier ? Est-ce qu'un homme de lettres ne vit pas de son travail personnel, ne travaille pas dans une espèce d'atelier, n'a pas un travail aussi long et aussi fatiguant que celui de l'ouvrier ? Est-ce qu'il n'y a pas beaucoup d'écrivains qui passent plus d'heures chaque jour et plus de nuits au travail qu'aucun autre ouvrier ? Est-ce que l'homme de lettres ne partage pas les misères, les souffrances et les angoisses du travailleur ? Est-ce que des teneurs de livres, des copistes, des commis, des dessinateurs, des ouvriers quelconques, qui se font *gérants* ou *rédacteurs* de journaux, ne deviennent pas hommes de lettres ?

Et puis, les contre-maîtres dans les ateliers, tous les maîtres ou patrons, les médecins, les avocats, etc., ne vivent-ils pas de leur travail personnel ? sont-ils capables ou incapables, dignes ou indignes, d'écrire pour la masse des travailleurs ?

Et puis encore, si, pour défendre les ouvriers, il faut être ouvrier comme eux absolument, pourquoi choisir tant d'imprimeurs et si peu de maçons ? Pourquoi charger un teneur de livres d'écrire pour les serruriers et pour tous les ouvriers à marteau ? La masse des manœuvres, des ignorants, des misérables, étant la plus nombreuse, pourquoi ne pas choisir des écrivains parmi eux, pour discuter et écrire en leur faveur ?

En un mot, ne pourrait-on pas dire que le Comité de rédaction de l'*Atelier* est composé par la Bourgeoisie et l'Aristocratie de la classe ouvrière ?

§ 7. — Des ouvriers sont-ils seuls capables de rédiger un journal populaire?

Nous avons vu le *Prospectus* dire : « Pour apprécier à fond la situation des ouvriers, il *faut être ouvrier soi-même.* » Le numéro premier ajoute :

« Jusqu'à ce jour, les classes ouvrières ont été défendues par *des gens* qui leur étaient *étrangers*. En conséquence, on a pu dire aux uns qu'ils ne soutenaient notre cause qu'afin de faire de nous un *instrument politique* destiné à être brisé aussitôt qu'il cesserait d'être utile à leur fortune ; à d'autres, on a dit qu'ils traitaient une question qu'ils *ne connaissaient pas*. En un mot, aux uns on objectait l'*ambition*, aux autres l'*ignorance*. Rien de pareil ne pourra être opposé à un journal tel que le nôtre... »

Et pourquoi donc? Ou les rédacteurs de l'*Atelier* seront choisis parmi les ouvriers les plus malheureux, afin de mieux connaître leurs misères et leurs besoins, ou bien ils seront pris parmi les plus heureux, les plus habiles, les plus instruits, les plus capables, ceux qui ont le plus de loisir. Dans le premier cas, comment auront-ils assez d'instruction, de lumière, de temps, etc. ? Dans le second cas, comment le plus instruit des imprimeurs ou des teneurs de livres, par exemple, pourra-t-il connaître autre chose que ce qui lui sera personnel? Ne sera-t-il pas obligé de consulter des centaines d'autres pour savoir ce qui concerne particulièrement toutes les professions, tous les ateliers, tous les individus, même les ateliers d'imprimerie autres que le sien, même les autres ouvriers imprimeurs ? — Et l'enquête qu'il sera obligé de faire, est-ce qu'un homme de lettres ne peut pas la faire aussi bien que lui, même mieux que lui, puisqu'il aura plus de temps, plus d'instruction générale, etc., etc. ? — Et, d'ailleurs, on concevrait encore que les rédacteurs de l'*Atelier* pussent écrire aussi bien que d'autres sur les misères, les plaintes, les besoins des ouvriers ; mais quand ils veulent discuter les questions de philosophie, de religion, de morale, d'histoire, d'organisation sociale et politique, de littérature, de beaux-arts, de salon, etc., etc., comment peuvent-ils prétendre qu'ils feront tout cela, et le feront bien, aussi bien, mieux que les écrivains? Ces ouvriers, absorbés dans un travail continuel, auraient donc la science infuse, la science universelle !... Jusqu'à présent, personne n'aurait donc pu écrire pour le Peuple ! Tous les écrits populaires publiés jusqu'aujourd'hui, même ceux de M. *Lamennais*, même ceux de MM. *Buchez* et *Roux*, seraient donc inutiles ! D'ici à la fin des siècles, MM. Corbon, Devaux, Delorme, Lambert, etc., pourraient donc seuls écrire utilement pour les travailleurs !... Sans doute, les articles de l'*Atelier* manifestent du talent, un talent qui fait honneur à la classe ouvrière, un talent étonnant pour des ouvriers :... mais cependant !!!...

Et quant à l'ambition, si les rédacteurs de l'*Atelier* sont des écrivains si capables, pourquoi donc seraient-ils inaccessibles à l'amour-propre, à la vanité, à l'ambition?... Est-ce qu'ils ne sont pas des hommes, mais des anges? Est-ce que leurs succès littéraires ne leur feront pas prendre en dégoût leurs travaux manuels? Est-ce qu'un ouvrier devenu Directeur-gérant d'un journal reste ouvrier et ne devient pas un bourgeois-journaliste? Est-ce que l'ouvrier-imprimeur *Tallien* n'est pas devenu ambitieux, traître au Peuple, tyran des ouvriers?

Il est vrai que le *National* contribue puissamment à aveugler les rédacteurs de l'*Atelier*, comme ceux-ci l'avouent.

« Quelques jours après notre apparition, le *National* nous consacrait plusieurs colonnes d'une *rare bienveillance*. Notre meilleur *remerciement* sera d'en citer quelques extraits. Après avoir signalé toute l'*incapacité* des *publicistes* et des *économistes*, quand il s'agit du sort des ouvriers, le *National* ajoute : « Les fondateurs de l'*Atelier* ont compris « que, dans ces débats, les travailleurs devaient enfin intervenir : *eux* « *seuls*, en effet, peuvent porter la lumière dans ce dédale qui paraît « inextricable... L'action de l'*Atelier* sera grande sur la *marche poli*- « *tique du pays*, parce qu'il parle au *nom d'une* classe nombreuse... »

Mais il n'est pas étonnant que le *National* cherche à s'emparer de l'*Atelier* comme il s'est emparé des journaux démocrates des départements, pour se faire un appui, parmi les ouvriers, contre les Communistes et pour les Bastilles. D'ailleurs, le principal rédacteur en chef du *National* est l'intime ami de M. *Buchez*, qui l'entraîne notoirement sous son influence. Et si, par hasard, c'était M. *Buchez* qui eût rédigé l'article du *National* rempli d'une rare bienveillance pour l'*Atelier* !..

§ 8. — **Est-il sage d'exclure tous ceux qui ne sont pas ouvriers?**

Non certainement! Rien ne nous paraît plus maladroit, plus impolitique, plus contraire à la fraternité et à l'union, plus funeste à la masse des travailleurs. Si la plus grande partie de la Bourgeoisie et de l'Aristocratie s'est montrée constamment l'adversaire ou l'ennemie des prolétaires, est-ce que, partout et toujours, une autre partie de cette Bourgeoisie et de cette Aristocratie ne s'est pas montrée amie, zélée, dévouée? Est-ce que les défenseurs les plus ardents et les plus utiles du travailleur et du pauvre ne sont pas parmi les médecins, les savants, les avocats, les riches, les nobles mêmes? Les plus illustres, les plus puissants, les plus vénérés parmi les bienfaiteurs de l'Humanité, ne sont-ils pas dans ces classes? — Et les ouvriers, sont-ils unis, tous dévoués à la cause populaire? Ne sont-ils pas divisés d'opinions, de sentiments, d'intérêts? N'est-ce pas une partie des prolétaires qui sert d'instrument pour opprimer et enchaîner l'autre? Le Peuple n'a t-il pas des ennemis dans ses rangs, tandis qu'il trouve ailleurs des amis et des frères? — Oui, que le prolétaire ne se fasse pas de fatales illusions, le Peuple n'a fait aucune conquête sans le concours d'une partie de la Bourgeoisie ; il ne peut rien sans elle, ne fera rien sans elle ; et rien n'est plus anti-populaire que la séparation et l'exclusion entre les travailleurs et les bourgeois qui, de cœur et d'âme, sont dévoués à leur cause.

§ 9. — L'Atelier représente-t-il la masse ouvrière?

Non certainement ! Il ne représente que ses fondateurs, peut-être deux cents, qui font distribuer 1,000 à 1,200 exemplaires de chaque numéro. — Et tous ses fondateurs, comme tous ses lecteurs, n'approuvent pas toutes ses doctrines : on sait même que beaucoup l'ont abandonné. — Son Comité de rédaction ne représente pas plus ses fondateurs que les rédacteurs des autres journaux ne représentent leurs abonnés ; car, on peut dire que les abonnés de chaque journal *élisent* ses rédacteurs, puisqu'ils adoptent, choisissent et préfèrent le journal auquel ils s'abonnent. — Les journaux Communistes représentent tout autant et même mieux la masse ouvrière, puisque, malgré les calomnies et les persécutions, et quoique MM. *Buchez* et *Roux*, le *National*, tous les grands journaux, tous les réformistes, soient leurs adversaires et les protecteurs de l'*Atelier*, ils ont plus d'abonnés que lui parmi les ouvriers, à Paris et partout. — Le *Populaire*, en particulier, peut dire représenter mieux les travailleurs puisque, après la fondation de l'*Atelier*, plus de mille ouvriers ont demandé, par écrit, la création du journal Communiste, puisqu'il a plus d'abonnés, puisque plus de mille six cents travailleurs viennent de signer une adhésion à ses principes.

§ 10. — L'Atelier est fondé contre le Communisme.

L'*Atelier* prétendra qu'il s'est fondé pour combattre le *Communisme;* et cependant il avouera, longtemps après sa fondation, qu'il ne connaît pas alors le Communisme, ce qui est complétement contradictoire. Mais admettons qu'il ait réellement pour but, dès le principe, de combattre la doctrine de la Communauté.

Alors, le Comité d'organisation, ou le Comité de rédaction, c'est-à-dire MM. Corbon, Devaux, Delorme, Lambert, etc., ont jugé et condamné le Communisme et ses nombreux partisans ! Ils ont jugé et condamné l'opinion de Socrate, de Platon, de Jésus-Christ, etc., etc. ! Ils ont prononcé sur le système d'organisation sociale et politique qui convient au Peuple, à la France, à l'Humanité !

§ 11. — Palliatifs et remèdes de l'Atelier.

Dans son numéro premier, l'*Atelier* développe son but.

Il exposera les vices de l'organisation sociale, la misère à côté de l'opulence, l'insuffisance du salaire, etc., etc — Bien ! Tout le monde le fait ; nous aussi.

Il indiquera les *palliatifs* et les *remèdes*, non de ces remèdes violents qui font périr le malade, mais des remèdes appropriés aux circonstances, des remèdes calculés sur la faiblesse du malade et qui le raniment peu à peu, enfin une médication sagement raisonnée. — Bien! Tout le monde parle ainsi : mais voyons cette médication sagement raisonnée.

« Comme *palliatifs provisoires*, nous provoquerons chez les ouvriers les *Sociétés de secours mutuel* en cas de maladie et de manque d'ouvrage ; nous les ferons ensuite transformer en *Associations de prévoyance ;* puis enfin, *dans l'avenir*, ces associations assureront à l'ouvrier une *pension de retraite.* »

Mais si le Pouvoir entrave et prohibe ces associations!... Si la masse ouvrière manque de travail!...

« *Peu à peu*, nous verrons s'amoindrir l'exploitation de l'homme par l'homme (non, nous ne le verrons pas!); *insensiblement* les possesseurs de capitaux n'auront plus (si, ils auront toujours!) le privilége de vivre du travail de ceux qui n'ont que leurs bras. Ce résultat, nous l'atteindons en provoquant l'établissement des *associations industrielles...* »

Et si le Pouvoir empêche ces associations! Si, par une cause ou par une autre, les ouvriers ne peuvent s'associer!... Et, d'ailleurs, que de temps ne faudra-t-il pas pour que l'amélioration soit sensible!...

« Nous poursuivrons sans relâche la *propagande des idées réformistes.* »

Bien! Nous aussi, en y ajoutant la propagande des idées Communistes.

« Nos théories auront cela de particulier qu'elles pourront *passer immédiatement à l'état pratique.* »

Comme les théories Communistes, ni plus ni moins.

« En attendant, la réforme électorale et le suffrage universel; *instruisons et moralisons !* »

Bien! Il n'y a pas un moment à perdre pour cela. C'est ce que nous faisons.

« De la confiance, du dévouement, et notre cause est gagnée! »

Oui! mais malheureusement ce sont des mots : inspirez donc de la confiance, du dévouement! Et qui êtes-vous pour cela! Vous croyez donc que c'est chose facile!... C'est comme quand vous dites aux ouvriers des départements :

« *Unissez-vous* à nous de cœur, ouvriers de toutes les professions qui habitez le sol de notre belle patrie!... Que chaque localité, que chaque profession charge donc un des siens de *correspondre* avec nous!... »

Et vous avez pu croire que tous les ouvriers de France allaient correspondre avec vous!

§ 12. — Sur les coalitions d'ouvriers.

L'*Atelier* blâme les *coalitions*. — Bien! Nous les blâmons aussi, puisqu'elles n'ont et ne peuvent avoir, pour les ouvriers, d'autres résultats que des persécutions et des malheurs.

Mais puisque la coalition n'est pas un remède, quel est donc le remède d'après l'*Atelier?* L'union, dit-il, la fraternité, la réforme, l'association. — Oui! Mais la pratique, la réalisation?...

Il existe, répond l'*Atelier*, un *moyen facile* de s'associer pour remplacer les *marchandeurs* et les *tâcherons*, exploiteurs avides et durs contre lesquels se sont soulevées les coalitions; écoutez :

« L'*association*, voilà notre but à tous! mais quel est l'*obstacle* le plus difficile à surmonter pour des ouvriers qui voudraient commencer *dès aujourd'hui*, sinon le *manque de capitaux?* Or, s'il existe des professions organisées de telle sorte qu'il soit possible à ceux qui y sont attachés de s'*associer pour entreprendre en sous-œuvre*, comm fait le marchandeur ou le tâcheron, sans avoir de capitaux à avancer, est-ce pas une *occasion précieuse* dont il faut savoir profiter? »

« Quoi de *plus facile* pour vous, en effet? Vous pouvez former de *petites sociétés composées de six, huit ou dix membres*, selon le cas; chacune de ces sociétés choisira celui de ses membres en qui elle aura plus de confiance : elle en fera son *gérant*, son *intermédiaire* auprès de l'entrepreneur. Il prendra la place de l'ancien marchandeur ou du tâcheron; mais alors ce sera au profit de tous les associés. On *partagera* ensuite le gain entre tous, *selon la part de travail de chacun*, en réservant toutefois une certaine somme pour former un fonds qui permette à la société d'agrandir plus tard le cercle de ses opérations. »

Eh bien! ces associations si faciles, si sagement raisonnées et si précieuses, combien en a-t-on formé d'après le conseil de l'*Atelier?* Peut-être pas une!

§ 13. — Sur la Garde nationale.

L'*Atelier* exhorte les ouvriers à ne pas éviter le service de la Garde nationale; et nous pensons que les démocrates ont en effet commis une faute énorme en négligeant leur devoir comme Gardes nationaux; car on les aurait moins calomniés si on les eût mieux connus, et il y aurait eu bien plus de fraternité entre les différentes classes de citoyens. Mais comment l'ouvrier pourrait-il se procurer un uniforme si coûteux? Il fallait engager les ouvriers à signer, en masse, une pétition pour obtenir un uniforme à leur portée!

§ 14. — Fier langage de l'Atelier.

Les simples ouvriers de l'*Atelier* ne se bornent pas à signaler leurs misères et leurs besoins. Dès le premier numéro, ils s'élèvent jusqu'à parler des *partis* qui divisent la France; et, dans le deuxième, s'élançant dans la politique transcendante, parlant de la guerre en *Orient* et de l'attentat de *Darmès*, ils disent :

« Depuis l'apparition de notre feuille, les événements offrent un caractère de gravité telle que *nous ne saurions nous dispenser* de consacrer à leur examen la *première place* dans notre journal...

« En présence de ces faits, *les hommes qui mettent le salut de la patrie* avant tout, sont pénétrés de douleur en voyant *la Nation*, menacée par une formidable coalition, user ses forces à se débattre dans les étroites limites où l'on a voulu enfermer son activité...

« Nous qui, depuis dix ans, sommes témoins et souffrons de ces crises, *nous avons droit* de tenir aux hommes qui gouvernent un *langage sévère*, et de leur demander ce qu'ils ont fait pour les prévenir.

« Dites-nous donc, *vous qui jouissez du pouvoir !*...

« Maintenant, nous nous adressons à vous, *hommes du Peuple*... Sachez donner l'exemple !..

« Quant à nous, *nous condamnons*...

Si c'est M. *Buchez* qui parle ainsi, nous concevons : c'est son ton habituel : mais si ce sont MM. *Corbon*, *Delorme*, etc., ne peut-on pas s'étonner qu'ils aient pris d'abord un ton si modeste? Et, dans tous les cas, comment pourraient-ils s'irriter si quelqu'un prétendait avoir le même *droit* qu'eux de tenir un *langage sévère?*

§ 15. — **Sur les Bastilles.**

Le Comité central de la Réforme ayant rédigé une *pétition* contre le traité du 15 juillet et pour la défense de l'indépendance, l'*Atelier* l'insère dans son deuxième numéro (octobre), et engage à la signer dans les bureaux du *National*. Cette pétition renferme la phrase suivante :

« Souffrirez-vous qu'on *paralyse* l'élan de la population, et qu'au lieu de fortifier nos frontières du Rhin et des Alpes, on se contente d'élever *ces fortifications* qui alarment la Capitale, car elle les considère comme un moyen de *tromper l'opinion*, *d'endormir la vigilance*, et de couvrir, par des précautions *dangereuses* pour la liberté au-dedans, les lâchetés de la politique au-dehors ? »

Cette phrase contre les bastilles détermina un très grand nombre de démocrates à signer la pétition ; mais cette même phrase détermina le *National* à la supprimer en quelque sorte, au risque, 1° de compromettre la France en facilitant la loi des bastilles ; 2° de dégoûter à jamais de signer des pétitions. — Mais l'*Atelier*, que le *National* protége ouvertement, et qui publie sa reconnaissance et sa confiance envers le *National*, se gardera bien de lui reprocher la presque suppression de cette pétition. — Il parle, au contraire, des fortifications comme M. *Buchez* et comme le *National*, en disant :

« *Il est bien* que l'on construise une *enceinte continue*, avec remparts et canons, pour s'abriter d'un coup de main venant de l'extérieur. »

M. Thiers et les embastilleurs ne désiraient pas plus dans le *National* et dans l'*Atelier*. C'est en vain que l'*Atelier* repousse les forts détachés, qu'il appelle des bastilles : les embastilleurs sauront bien extorquer les *bastilles* quand on aura concédé l'*enceinte !*

Bien plus, l'*Atelier* reconnaît qu'il n'est déja *quasi plus temps d'empêcher les bastilles* (quoiqu'il n'existe presque rien encore), et consent aux bastilles, pourvu qu'on promette d'en confier la possession à l'*artillerie de la Garde nationale* parisienne.

« Voici, dit-il, *notre ultimatum :* »

« OCCUPATION PERMANENTE DES FORTS, puisque FORTS il y a, par l'artillerie de la Garde nationale parisienne. »

On sait comment les fameuses *Lettres* parlent de cette artillerie bourgeoise et de sa crédule vanité !

« Que si, dans les graves circonstances où nous nous trouvons, le fardeau des affaires publiques est trop lourd pour les épaules des petits hommes qui nous gouvernent, qu'ils remettent volontairement à la Nation, en prenant eux-mêmes l'initiative de la **RÉFORME ÉLECTORALE**, un pouvoir qu'elle saura bien remettre à de plus dignes. »

Et l'*Atelier* parle sérieusement ! Il croit que le moyen d'obtenir la *Réforme*, c'est de donner les *bastilles !*

Ainsi, l'*Atelier* prend sur lui d'accorder *l'enceinte continue*, même les FORTS, sous la promesse de les confier à la Garde nationale !

On conçoit cette hardiesse dans M. *Buchez* et dans le *National*; mais dans MM. *Corbon*, *Delorme*, *Devaux*, *Lambert !!!*... quand la masse des ouvriers, des démocrates, des réformistes, repoussaient tout!!!...

§ 16. — Réforme électorale.

L'*Atelier* dit qu'avec la Réforme électorale et le suffrage universel, le Peuple sera *souverain*, choisira un grand nombre d'ouvriers pour ses députés, fera les lois, réglera le travail, augmentera le salaire, diminuera les impôts populaires, abolira la misère, armera les ouvriers, supprimera tous les priviléges des capitalistes, des propriétaires, des riches, des maîtres.

Et l'*Atelier* espère que les privilégiés consentiront la Réforme plutôt que la Communauté !

« Pour être féconde en résultats, la pétition réformiste exige d'être couverte de noms par *millions*. »

Mais c'est son patron le *National* qui s'est chargé de la *pétition* pour la Réforme : qu'est-elle devenue entre les mains du *National* et de l'*Atelier* lui-même ? Quel est le résultat de leur habileté, de leur influence ? Combien de signatures ont-ils recueillies ? Qu'en ont-ils fait ? Ils encouragent bien, vraiment, à signer des pétitions ! Après tant de bruit et tant de temps, ils font jouer un beau rôle à la Réforme !

§ 17. — Réforme industrielle. — Association ouvrière.

« Sachons, dit l'*Atelier*, ne compter que sur nous-mêmes pour commencer la *Réforme industrielle*... Le moyen, c'est l'*Association ouvrière.* »

Il propose des *Associations* pour un *temps illimité*, pour un *nombre illimité* d'associés, avec un *capital social inaliénable*, continuellement accru par le cinquième des bénéfices, lesquelles Associations comprendraient tous les ouvriers imprimeurs, par exemple, d'une ville, puis de deux, trois, quatre villes, puis de toute la France, puis toutes les Associations d'imprimeurs et de maçons, etc., puis tous les ouvriers d'une ville, puis tous les ouvriers de France...

C'est-à-dire que l'*Atelier* propose de recommencer les *Corporations* et les *confréries*, qui ont absorbé 1800 ans pour se constituer, et que la Révolution s'est hâtée de supprimer !

« Ces associations auront pour résultat, par la création de *banques mutuelles de crédit*, d'amener *l'abaissement graduel de l'intérêt de l'argent* jusqu'à réduire le capitaliste à *manger son capital*, ne pouvant plus vivre de la rente. »

Et l'*Atelier* croit que les Capitalistes consentiront à cette Association plutôt qu'à la Communauté !

Il reconnaît qu'on ne pourra pratiquer la Réforme industrielle et l'Association qu'après avoir obtenu la Réforme électorale : mais quand cette Réforme?

« En attendant, *préparons-nous*, dit-il, à l'œuvre de l'avenir en faisant notre *propre éducation ;* car, il faut l'avouer, nous n'avons pas encore toutes les qualités nécessaires pour vivre en association. »

Les Communistes avanceront tout autant et plus avec leur propagande et leur éducation pour la Communauté !

« Nous engageons donc tous les ouvriers à faire des Associations que nous appellerons *préparatoires* pour remplacer les *marchandeurs* et les *tâcherons.* »

Mais où sont les Associations formées d'après ce conseil donné depuis plus d'un an?

Du reste, l'*Atelier* dit ailleurs :

« L'*Association* des ouvriers, telle que nous espérons la réaliser un jour, est à elle seule une *transformation radicale de l'ordre social actuel ;* et les hommes qui ont le privilége de faire la loi ne sont *pas disposés* à la modifier en notre faveur... »

L'Association ouvrière est donc aussi redoutable pour les privilégiés et aussi difficile que la Communauté.

Et voyez combien, d'après l'*Atelier* lui-même, le remède de l'Association ouvrière demandera de temps !

« Supposons, en effet, la venue d'un Pouvoir qui serait l'*expression pure* de la volonté nationale : pense-t-on que ce pouvoir *voudra organiser immédiatement le travail* selon nos vues? Et, s'il le voulait, pense-t-on qu'il en *aurait la puissance?* Assurément non. Le Pouvoir, en tant qu'expression pure de la volonté générale, *ne voudrait ni ne pourrait opérer une si* grande *transformation.* Et, d'un autre côté, on ne doit pas supposer qu'un Gouvernement quelconque puisse violenter la masse de la nation au point de la soumettre tout d'un coup au régime sociétaire, régime auquel elle a besoin d'être préparée par *un long temps* d'expérience et par une *éducation nouvelle.* Tout ce que pourrait faire le Pouvoir le plus fort et le plus favorable aux besoins de la classe ouvrière, serait d'organiser des *associations-modèles,* dans *certaines localités,* pour l'agriculture, l'industrie et le commerce. Il les protégerait, leur fournirait les instruments de travail nécessaires, et ferait en sorte qu'elles offrissent à tous ceux qui seraient en dehors l'*exemple* d'une plus grande prospérité et d'un bien-être véritable. Mais la chose ne peut se faire que *progressivement,* commençant *peu à peu,* puis grandissant toujours, au fur et à mesure que la population connaîtra mieux les fruits de l'institution. Espérer qu'il peut en être autrement, c'est *folie.* »

Nous soutenons que l'*Association Communautaire* exigera moins de temps et sera bien autrement attrayante.

« La *Génération actuelle* a pour devoir de poser les premières assises de cet édifice que termineront *les Générations suivantes.* »

L'*Atelier* présente un *modèle d'acte* d'Association ouvrière. Et dans cet acte il propose de partager *inégalement* le salaire journalier et le bénéfice annuel, ce qui n'est guère conforme à ses principes de *devoir,* de *fraternité* et de *dévouement!*

Puis, il exhorte tous les ouvriers à former sans retard de *petites associations* d'après ce modèle.

« Cela ne pourra se faire que sur une *petite échelle,* il est vrai ; mais *qu'importe?* Ce sera toujours un *exemple* et, *si l'exemple est bon,* l'imitation viendra bien vite. »

Qu'importe? Mais nous pensons, nous, qu'un essai partiel et minime n'a pas de chances de succès; que si l'exemple est mauvais, on en tirera une conséquence fatale, quoique fausse ; et que, quand même l'exemple en petit réussirait, les adversaires diraient encore que cela ne prouve rien pour un essai qui serait fait en grand.

Pour aider la formation des Associations ouvrières, l'*Atelier* entreprend de fonder, par *souscriptions,* une petite banque de crédit, en fai sant un *appel aux riches comme aux pauvres.* Mais, en vérité, il faut être bien crédule, bien confiant, et avoir bien peu l'expérience des hommes et des choses, pour espérer trouver des souscripteurs! Aussi, pas plus de banques de crédit que d'Associations ouvrières.

En résumé, l'*association ouvrière* de l'*Atelier* c'est l'association de M. *Buchez;* c'est le Fédéralisme organisé en violation du principe de l'*unité;* c'est le partage inégal des produits, en violation des principes d'*égalité* et de *fraternité;* c'est une inconséquence et une contradiction avec les principes, tandis que la Communauté est la réalisation des principes; et la pratique de cette association est bien plus difficile que celle de la Communauté, parce que celle-ci offre bien plus d'avantages aux riches eux-mêmes, dont elle assure le bonheur comme celui de tous les autres, parce qu'elle possède plus de chances pour séduire et rallier tous les esprits.

§ 18. — Enquête Industrielle.

« Nous ouvrirons une *enquête* où, après avoir passé en revue toutes les *inégalités choquantes* qui résultent pour nous de notre position d'ouvriers en *général*, nous exposerons tour-à-tour les *vices particuliers* de chacune des branches de l'industrie... »

Bien, très bien! Nous ne pouvons qu'applaudir ici, tout en soutenant qu'un journal quelconque peut faire ou faire faire une pareille enquête tout aussi bien que l'*Atelier*.

§ 19. — Sur le Devoir.

MM. *Buchez*, etc., font beaucoup de bruit du *Devoir* dans tous leurs écrits, comme s'ils étaient les seuls qui reconnussent des devoirs, comme si tout le monde, et les Communistes surtout, ne proclamaient pas des devoirs! Mais ils donnent du *devoir* une définition mystique, nuageuse et tellement obscure et insaisissable qu'on n'y comprend rien.

L'*Atelier* reproduit et répète cette prétendue doctrine du *devoir* et en fait une des bases de son système. Suivant lui, la nationalité française repose sur le *devoir;* nos pères étaient hommes de *devoir;* nous devons être hommes de *devoir;* nous *devons* nous sacrifier.

Pour nous, nous sommes convaincu que tout cela est inintelligible pour la masse des ouvriers, et que la cause populaire serait désespérée si elle n'avait pas d'autre moyen de salut.

« Que le *devoir* rallie autour du même drapeau tous les hommes de *bonne volonté*, tous ceux qui aiment la patrie *plus qu'eux-mêmes*, tous ceux qui comprennent qu'ils *doivent* consacrer toute leur existence à la Nation. »

Mais à quoi sert cette exhortation? Qu'a-t-elle fait depuis des siècles? Qu'a-t-elle fait depuis un an? Que fera-t-elle dans l'avenir? N'est-ce pas comme si l'on mettait son salut dans la prière? C'est aux riches qu'il faut faire admettre et pratiquer le devoir! Ce qui sauvera, c'est une organisation sociale qui, comme la Communauté, rendra la pratique du devoir facile et inévitable.

§ 20. — Sur le Droit.

Ce que nous venons de dire de la doctrine de MM. *Buchez*, etc., sur le *devoir*, nous le dirions sur le *droit*. — L'*Atelier* répète cette doctrine:

« Le *Droit*, dit-il, est la *faculté* d'accomplir son *devoir* envers la Société. »

Comprenez si vous pouvez! Et il démontre que les ouvriers ne jouissent pas de leur droit. Mais à quoi bon démontrer l'évidence? c'est le moyen d'acquérir le droit qu'il faut indiquer!

§ 21. — **Sur le Dévouement.**

Il en est de même du *dévouement*: c'est la doctrine de M. *Buchez*, dépouillée seulement de sa forme *catholique*, parce que, sans doute, M. *Buchez* craint que sa *catholicité* ne rebute la masse des ouvriers.

« Pour remplir dignement son *devoir*, dit l'*Atelier*, pour ne pas abuser de son *droit*, il faut du *dévouement*. »

Voilà ce qu'enseignent et prêchent de simples ouvriers, MM. Corbon, Delorme, etc.! Comprenne qui pourra! Distingue qui pourra le *devoir* et le *dévouement!*

« Nous exigeons du dévouement *de tous*, tant pour la grande unité nationale que pour l'*association ouvrière*... Il faut fonder l'unité par le dévouement, *briser violemment* tout intérêt privé hostile à l'intérêt public; il faut que chacun de nous soit bien pénétré de son impuissance individuelle; il faut que nous soyons toujours *unis*, toujours *dévoués* les uns pour les autres. »

Il faut, il faut! C'est bien facile à dire! Et on le dit depuis bien longtemps! Et on le dira longtems encore sans plus de succès, si l'on ne trouve pas d'autre remède!

L'*Atelier* se plaint de l'égoïsme des riches; mais à quoi servent ses plaintes?

« Celui qui dit : « *mon bien d'abord, ensuite celui des autres* », est CONTRE NOUS. Quiconque, au contraire, veut que chacun *se dévoue* pour tous, est AVEC NOUS. »

Ainsi, l'*Atelier* déclare ennemis tous ceux qui ne veulent pas se dévouer!

« Si, poussé par l'*égoïsme*, un homme refuse de *se dévouer* pour les autres, en ses biens, en sa vie même, que faut-il faire? C'est pour bien des gens une terrible alternative que le *dévouement absolu* et le *sacrifice imposé* par la Société au nom de la morale; mais nous n'hésiterons pas à répondre : La Société a toujours le droit de nous ôter ce que notre *devoir* nous ordonne de lui sacrifier... Le dévouement est l'unique moyen d'accomplir le devoir. Chacun de nous doit se dévouer partout et toujours. Celui qui, par égoïsme, refuse d'accomplir son devoir en se dévouant doit y être *contraint*. »

Ainsi, l'*Atelier* crie à tous les hommes: Dévouez-vous, dévouez-vous, sacrifiez-vous! ne pensez qu'à vous sacrifier!...

Mais n'est-ce pas méconnaître et fouler aux pieds la nature humaine? N'est-ce pas demander l'impossible? N'est-ce pas une monstrueuse exagération, une idée fausse, nous dirions presque une puérilité, une niaiserie? Qu'a-t-on donc fait avec une pareille doctrine? Qui l'approuve, qui la prend pour règle de conduite?

Nous, Communiste, nous voulons l'union, l'unité, la fraternité dans toutes ses applications; nous voulons la pratique de ce précepte: *Aime ton prochain comme toi-même;* nous voulons que l'éducation fasse de la fraternité une habitude, un sentiment perpétuel, un instinct qui, développé jusqu'à l'exaltation, puisse devenir du dévouement; nous voulons organiser le dévouement dans la Communauté, ou plutôt rendre le dévouement inutile, puisque la raison et la fraternité suffiront. Et pour le présent, aujourd'hui que le dévouement serait plus nécessaire pour délivrer l'humanité, aujourd'hui que nous voudrions voir le dévouement commun, et trouver un moyen de le généraliser, nous sommes forcé de reconnaître que le dévouement est une exception, une rare exception, et qu'il est impossible de rien obtenir de la masse, qu'en lui parlant de son *intérêt*, de son *intérêt raisonnable*, de son *intérêt bien entendu*, conforme à la justice et à l'intérêt public.

Et du reste, c'est ce que fait l'*Atelier* lui-même, en contradiction avec sa doctrine. Est-ce qu'il dit aux ouvriers: « Venez à nous, abonnez-vous, associez-vous, souscrivez, pour *vous dévouer*, pour *vous sacrifier?* » Voyez s'il n'invoque pas toujours l'*intérêt!*

Nous avons vu le *Prospectus* annoncer que le journal était fondé pour défendre les *intérêts* des Ouvriers.

Le journal est intitulé: Journal des INTÉRÊTS moraux et matériels des Ouvriers.

Son épigraphe: « *Celui qui ne veut pas travailler ne doit pas manger* », indique qu'on ne travaille que pour *manger* ou vivre, c'est à dire par *intérêt*, et non pour se sacrifier.

N'est-ce pas pour avoir du travail, des remèdes en cas de maladie, une pension de retraite, que nous l'avons vu (§ 11) proposer les Associations?

« Ceux qui commenceront l'Association industrielle, dit-il, auront besoin de *dévouement;* mais leurs efforts ne seront *point stériles;* l'Association elle-même peut donner de suite la *récompense* due aux bonnes volontés; elle leur garantira certainement le *bien-être* du présent et la *sécurité* de l'avenir. »

En un mot, l'*Atelier* veut aussi que l'homme soigne ses intérêts; et sa doctrine du *dévouement*, ou plutôt celle de M. *Buchez*, n'est qu'une déception et une rêverie sans réalisation possible. Le véritable problème, c'est de trouver une organisation sociale qui confonde et identifie tellement l'intérêt privé et l'intérêt public qu'ils soient inséparables, et qu'on ne puisse servir l'un sans servir l'autre, ni préjudicier à l'un sans préjudicier à l'autre. Et l'organisation sociale qui résout ce problème, nous soutenons que c'est la Communauté, et la Communauté seule.

§ 22. — Sur la Nationalité française.

MM. *Buchez* et Cie se sont fait, sur la *Nationalité française*, un système auquel ils reviennent sans cesse dans tous leurs écrits, qu'ils présentent comme une glorieuse et immortelle découverte, et auquel ils prétendent asservir tous les faits historiques.

Rien cependant ne nous paraît plus inconcevable, plus arbitraire, plus capricieux, plus faux, tranchons le mot, que ce système.

Suivant eux, la Nationalité n'est pas le territoire, ni la collection des habitants, ni la forme du Gouvernement, comme si, dans la langue historique, la France, l'Espagne, le Portugal, la Belgique, la Hollande, l'Allemagne, la Prusse, la Russie, la Pologne avant son asservissement, la Turquie, l'Angleterre, etc., territoires et habitants, ne formaient pas autant de *Nations* ayant chacune sa *Nationalité*, comme si quelqu'un ignorait la douloureuse signification de ce cri populaire en Europe : *Vive la Nationalité Polonaise!*

Suivant eux, la Nationalité c'est le *but d'activité*, en sorte que le but d'activité étant conservé, ne fût-ce que dans la tête d'un citoyen et dans un coin du pays, sa Nationalité subsiste...! Comprenne qui pourra!

Et la *Nationalité française*, c'est le *Catholicisme*. Pourquoi? Parce que, au cinquième siècle, quand Clovis a conquis la Gaule, les évêques catholiques Gaulois lui ont fait abandonner le Christianisme d'*Arius* (qui considérait Jésus-Christ comme un homme), pour embrasser le Christianisme *catholique* (qui le considérait comme un Dieu). En adoptant le *Catholicisme*, la France a choisi pour son *but d'activité* de pratiquer le devoir, le droit, le dévouement, et de répandre sur la terre la liberté, l'égalité, la fraternité, l'unité. Voilà ce qu'ont voulu Clovis, les évêques (ou plutôt saint Remi, qui l'a converti), comme s'il était prouvé qu'ils en ont eu la moindre idée! Voilà ce qu'a voulu la France, comme si la France, conquise, ravagée, avait été consultée! Voilà ce que, pour la première fois, après 1,300 ans, MM. *Buchez* et Cie., appellent la *Nationalité française*, comme si l'Espagne n'était pas *catholique*, comme si les autres Nations n'étaient pas *chrétiennes*! Et cette Nationalité française a été fixée par ce barbare Clovis, par cet ambitieux Remi, par ces Évêques aristocrates, même si l'on veut par ces Francs et ces Gaulois d'alors, comme si tous étaient des Génies et des Dieux, pour l'éternité, sans que les Générations suivantes pussent jamais y rien changer! Et la France, ses Seigneurs féodaux, ses aristocrates, ses prêtres, ses bourgeois de la St-Barthélemy, ses Despotes et ses Tyrans, n'ont jamais rien fait que pour accomplir cette Nationalité française! Et si la Révolution de 1789 a proclamé la liberté, l'égalité, la fraternité, l'unité; si le Peuple français les proclame encore aujourd'hui, ce n'est pas parce que la Raison les proclame elle-même, c'est uniquement parce que Clovis, St. Remi et les Évêques Gaulois, ont adopté le Catholicisme au cinquième siècle !...

A-t-on rien vu de plus fabuleux ?

Et voilà cependant la Nationalité française de l'*Atelier*, d'après le *National* (20 novemb. 1841), et d'après M. *Buchez* !

§ 23. — **Sur la Liberté.**

L'*Atelier*, ou M. *Buchez*, définit ainsi la liberté :

« C'est la faculté de faire tout ce qui est dans *l'intérêt de la morale* et de la *nationalité*, faculté qui ne peut avoir d'autre limite que ce qui est *contraire à cet intérêt suprême.* »

Voilà qui est clair, pour des ouvriers surtout ! Ne faudrait-il pas, du moins, énumérer bien formellement ce qui est dans l'intérêt de la *morale* et de la *Nationalité?*

§ 24. — **Sur l'Egalité.**

L'*Atelier* repousse l'*Egalité absolue*, dont la doctrine commence à se répandre dans la classe ouvrière, comme un principe *faux*, *exagéré*, *immoral.* — Il veut que l'homme *dévoué*, actif, bienfaisant, soit mieux traité, sans considérer que ce ne sera plus du *dévouement* mais de l'intérêt et de l'égoïsme, puisqu'il y aura une récompense ! — Il prétend qu'il y aura toujours des paresseux, tandis que nous soutenons que la Communauté peut rendre la paresse presque impossible. — Il veut que l'on *contraigne* le paresseux, mais que l'on *honore* et que l'on *encourage* l'homme actif. — Il trouve *immoral* de ne pas *rétribuer chacun selon ses œuvres.* — Il veut l'ARISTOCRATIE *du dévouement.*

« L'Egalité réelle ne consiste point à faire une part égale de travail, et à recevoir une part égale de produits ; l'Egalité, c'est le droit *égal, pour tous, à la liberté morale par l'enseignement; à la liberté politique* par une participation active à la chose publique, afin que, par ces deux libertés, tout homme puisse, s'il en a les *mérites*, parvenir à tous les degrés *de la hiérarchie sociale.* De sorte que l'*infériorité, qui existera toujours pour quelques-uns*, ne puisse être attribuée qu'à leur *mauvais vouloir* ; car *les hauts degrés de la hiérarchie* ne doivent être occupés ni par droit de noblesse, ni par droit de richesse, ni même par droit d'intelligence, mais *surtout* par *droit de dévouement.* »

« Et, pour prévenir toute objection, *l'Egalité* serait réalisée, alors même qu'il y aurait encore *des inférieurs*, si *toutes les voies* étaient ouvertes à tous, pour que chacun parvienne à *la place marquée par ses œuvres.* »

Mais que devient alors le *dévouement?* où est le dévouement, quand c'est pour arriver aux plus hauts degrés de la *hiérarchie* que l'on agit? Que devient l'Egalité et surtout la fraternité dont on parle tant? N'est-ce pas injuste envers ceux qui ne peuvent pas? N'est-ce pas ouvrir la carrière à l'ambition, à la cupidité, à la jalousie, à la haine, à la guerre ? Un pareil système serait concevable dans la tête de quelqu'un qui voudrait être Pape ou cardinal ; mais dans des têtes d'ouvriers !!!...

§ 25. — Sur la Fraternité.

L'*Atelier* prétend que la Fraternité ne se décrète point. — Mais nous, Communiste, nous soutenons qu'elle peut être, non seulement enracinée dans les cœurs par l'éducation et par les mœurs, mais organisée, appliquée, réalisée, dans toutes les institutions. La Communauté présente la Fraternité en action, en pratique.

§ 26. — Sur l'Unité.

Voici comment l'*Atelier*, ou M. *Buchez*, définit l'*Unité*.

« C'est, au point de vue national, la concentration de toutes les forces individuelles en une force unique et toute-puissante, pour *soumettre* successivement les volontés *rebelles*, et absorber en elle tous les Peuples du monde. »

Ainsi, l'*Atelier* ne badine pas : c'est toujours la force et la contrainte qu'il invoque, le fameux *Compelle intrare* (forcez-les d'entrer). Et si quelqu'autre Peuple veut invoquer le même principe contre la France! Ce sera donc éternellement la guerre! Mais rien ne paraît embarrasser les simples ouvriers rédacteurs de l'*Atelier!*

§ 27. — Sur la Morale.

« Notre *Morale*, dit l'*Atelier*, est celle de la *France entière*... Elle a été un *excellent guide* pour les Générations passées. »

C'est toujours la doctrine de M. *Buchez*; depuis que les Évêques Gaulois ont adopté le *Catholicisme* avec Clovis, au cinquième siècle, tout a été parfait en France; il n'y a plus eu ni vices, ni crimes, ni dans les Princes, ni dans les Prêtres, ni dans l'Aristocratie, ni dans le Peuple!

Pour nous, Communiste, nous adoptons la *morale chrétienne*, qui peut se résumer dans le principe de la *fraternité*, et nous soutenons qu'il n'est point de système plus parfaitement *moral* que notre système de Communauté... Mais nous soutenons aussi qu'il ne faut pas se borner à des discussions, à des sermons, à des catéchismes sur la morale : c'est dans les lois, dans les institutions, dans l'organisation sociale qu'il faut incruster, incorporer, incarner la morale; et le meilleur moyen, c'est, comme l'a dit Jésus-Christ, la Communauté basée sur l'égalité sociale et sur la fraternité mise en action.

§ 28. — Première adresse aux ouvriers Communistes.

Déja dans son sixième numéro, l'*Atelier* avait dit quelques mots du Communisme, en le repoussant comme *impraticable*. Mais c'est dans son dixième numéro que, pour la première fois, il discute la théorie de la Communauté, en s'adressant aux ouvriers Communistes.

« Il y a longtemps que nous avions le désir de nous adresser directement à vous; mais nous nous sommes abstenus jusqu'à ce que vous pussiez répondre *vous-mêmes*. Aussi, avons-nous appris avec une vive satisfaction la création de *plusieurs petits journaux Communistes*, rédigés, comme le nôtre, par de *simples ouvriers librement choisis par leurs pairs*. Nous sommes convaincus qu'il résultera de ces publications, véritablement populaires, de grands *avantages pour la classe ouvrière en général*.

C'est du *Travail* à Lyon, et de l'*Humanitaire* à Paris, que veut parler ici l'*Atelier*. Ces deux journaux étaient fondés, sur son plan, par des ouvriers. Nous avons vu avec un vif regret la création de ces journaux, ainsi que celle de la *Fraternité* et du *Communautaire*, parce que nous avions trop l'expérience des hommes et des choses pour n'être pas convaincu, 1° que le parti populaire ne pourrait alimenter plusieurs journaux; 2° qu'ils amèneraient inévitablement des rivalités, des concurrences et des divisions. L'*Atelier* voyait autrement, et l'on sait quelle confiance mérite sa prévoyance! Tous ces journaux se sont trouvés en guerre avec lui!

« Ici, ce ne sont pas tels ou tels *individus* qui parlent en leur nom; c'est une *portion active du peuple*, s'adressant à une *autre portion* non moins active; ou plutôt, c'est *le peuple*, examinant la valeur des pensées diverses qui l'animent, afin de conserver celles qui sont *bonnes*, et de rejeter celles qui sont *mauvaises*.

Tout cela n'est qu'illusion, fable, déception. Il n'y a là ni le Peuple, ni une portion active du Peuple, mais quelques individus qui peuvent tout compromettre.

« Il est d'autant plus important que ce travail soit fait entre nous, *ouvriers*, que *nous seuls pouvons* nous dire nos vérités. Le peuple a *des courtisans* : en dehors de nos rangs, nul ne pourrait nous reprendre avec *autorité* sur nos écarts : c'est un droit qui n'appartient qu'à nous.

Personne, pas plus l'*Atelier* qu'un autre, ne peut reprendre avec *autorité* : mais chacun, aussi bien que MM. *Corbon*, etc., ou que M. *Buchez*, peut offrir au Peuple le tribut de son dévouement pour lui.

« La séparation entre nous est *plus apparente que réelle*.

Alors, pourquoi tant de bruit?

« La cause de nos divisions est tout entière dans la *vanité de quelques personnes*, qui, n'ayant point voulu rester dans la foule et suivre les voies ordinaires, ont élevé de *nouveaux drapeaux* sur lesquels elles ont mis des signes particuliers, appelant à elles, chacune de son côté, des hommes qui les reconnussent *pour chefs*. C'est, comme toujours, dans nos rangs que l'on vient chercher des SOLDATS.

Ainsi, MM. *Corbon*, etc., ou peut-être MM. *Buchez*, etc., dénoncent des *courtisans*, des *vaniteux*, des *ambitieux*, sans les nommer! Mais qu'ont fait tous ces Messieurs quand ils ont fondé leur *école* et leurs *journaux*, quand M. *Buchez* a fait scission d'avec les Saint-Simoniens pour arborer le drapeau du *Catholicisme*?

« C'est par ces menées que l'ensemble se *fractionne* en une infinité de petits groupes; et c'est vainement que *chacun* de ces groupes crie aux autres : « *Unité, unité!* » On sait que ce cri ne veut pas dire autre chose que ceci : « *Réunissez-vous autour de moi,* car je suis le plus avancé. » Or, comme de toutes parts on élève la *même prétention,* on continue de rester à l'état de fractions ; heureux encore quand chaque fraction ne se divise pas elle-même par l'ambition des DISCIPLES *plus avancés* que leurs MAÎTRES. »

C'est un malheur, mais un malheur presque inévitable, auquel ont été soumis les *Saint-Simoniens*, les *Fouriéristes*, les *Buchézistes* et l'*Atelier* lui-même, comme tous les autres.

« Laissons de côté, pour un temps, *les grands mots* et les *vagues formules,* et voyons ce que nous voulons les uns et les autres. »

Donnez donc l'exemple! Personne n'a autant que vous de *grands mots* et de *vagues formules!*

« Qui sait? bien que nous ne jugions pas nécessaire de nous dire tels, peut-être *sommes-nous Communistes autant que vous?*

Pourquoi donc tant d'hostilités?

Puis, l'*Atelier* déclare qu'il accepte le travail en commun, la nourriture des infirmes et la réparation des malheurs individuels par l'État, et des Associations volontaires où tous les moyens d'existence seraient mis en commun. — Mais il ne veut pas qu'on aille *plus loin.* Là il appose son *veto,* son opposition formelle ; il ne veut pas d'égalité sociale parfaite, ni d'autre modification à la propriété que plus de facilité pour l'*échange.* Il prétend que les Communistes veulent favoriser les *paresseux,* tandis qu'ils prétendent détruire la paresse. Il ne veut pas que le travail puisse devenir une *agréable distraction* ni que l'homme puisse travailler à son *bonheur* et créer des *jouissances nouvelles.* Il soutient que l'homme n'est *pas fait pour le bonheur* ; qu'il n'a *pas droit au bonheur ;* qu'il n'a été placé sur la terre que pour remplir une *fonction,* un *devoir.*

« Non, l'homme, cette *grande puissance*, n'a *point été fait pour lui-même* et pour jouir en repos : c'est là une *pensée grossière.* L'homme est un *ouvrier dans le monde ;* il faut qu'il fasse *l'œuvre que la morale* enseigne à son activité : voilà son *devoir...* Ne perdons jamais de vue que nous avons une *haute fonction* à remplir, fonction commencée depuis le premier jour de l'homme, et qui ne finira qu'avec l'humanité. N'oublions pas que *la France* n'est autre chose qu'une *grande Communauté* d'idées, de travail et de but. »

Puisque c'est une grande Communauté, pourquoi donc repousser la Communauté? Mais qui a révélé toutes ces belles choses à MM. Corbon, Delorme, etc. (simples ouvriers qui ne prennent la plume que parce qu'*eux seuls* sont capables de traiter ces questions)? Qui les a révélées à M. Buchez lui-même (car il nous paraît presque impossible que ce soient de simples ouvriers qui osent parler ainsi)? Du reste, comprenne qui pourra!

Et l'*Atelier* courtise les ouvriers Communistes en leur disant :

« Non, vous ne vous égarerez pas dans la théorie du bonheur, nous en avons la conviction (conviction erronée); car vous êtes, comme nous, des *hommes pratiques avant tout;* car les *théories* n'ont de valeur à vos yeux qu'autant qu'elles sont *réalisables*. Si donc vous n'aviez pas encore aperçu l'*utopie*, réfléchissez *sérieusement*, et vous ne tarderez pas à la rejeter de votre esprit. »

Ce n'est guère ni poli ni adroit de dire aux ouvriers Communistes qu'ils n'ont pas réfléchi sérieusement! Mais enfin on les reconnaît des hommes *pratiques:* eh bien! les hommes pratiques, après avoir réfléchi, persistent à repousser la théorie de l'*Atelier* comme impraticable, et à adopter sa théorie Communautaire comme réalisable: que pourra répliquer l'*Atelier?*

Il prétend que la doctrine des Communistes a séparé, divisé: et celle de M. *Buchez*, celle de l'*Atelier* lui-même ?...

Il attaque le *Fouriérisme* comme conduisant à des jouissances *honteuses*, à des pratiques *infâmes*. — Il flétrit ses adversaires comme des *aveugles*, des *ignorants*, des *orgueilleux*, des *égoïstes*, des *fous*, des *perturbateurs*, des artisans de *divisions*. Et n'est-ce pas bien déplorable de voir un pareil langage pour rétablir l'union ?

« Communistes, Ouvriers, disciplinons-nous, serrons nos rangs! Nous sommes *la foule!* Renoncez à ce titre de *Communistes*. Contentons-nous, amis, d'être de *véritables Français!* »

Mais à quoi servent les phrases, quand il s'agit de doctrines et de convictions? C'est comme si les Communistes disaient aux Réformistes, Venez à nous, prenez notre nom!

§ 29. — **Attaques contre les journaux Communistes.**

L'*Atelier* critique enfin les journaux Communistes, le *Populaire*, la *Fraternité*, l'*Humanitaire*, le *Travail*. — Il dit que les trois premiers sont rédigés par des *hommes de lettres*, contre lesquels il a demandé l'*exclusion*, parce qu'ils ne travaillent pas de *leurs bras* comme les typographes, les tailleurs, les teneurs de livres, les copistes, les commis, rédacteurs de l'*Atelier*. — Il reproche aux ouvriers rédacteurs du *Travail* de ne pas publier leurs noms, quoique le *Comité organisateur* de l'*Atelier* n'ait pas publié les siens, et qu'il ne fasse pas connaître les rédacteurs de ses propres articles. — Il ne dit pas que le Gérant de l'*Humanitaire*, ancien bonnetier, puis libraire, était un des fondateurs de l'*Atelier;* qu'il s'en est séparé comme l'ébéniste *Coster* et beaucoup d'autres; que l'*Humanitaire* a été fondé par une quinzaine d'ouvriers, sur le plan de l'*Atelier*, avec un *Comité de* rédaction élu; et que le premier numéro, qui a fait tant de scandale, a été publié par deux ou trois membres du Comité, contre l'avis de dix ou douze autres, ce qui prouve combien il est vrai que les journaux publiés par des Comités de rédaction élus représentent parfaitement l'*opinion du Peuple* et même celle des Comités! — Il avoue que les quatre journaux Communistes sont *contre l'Atelier*, ce qui prouve qu'il a manifestement raison, en insinuant qu'ils n'ont que de l'*égoïsme* sans *sincérité*. —

Il dit que les *grossièretés* de la doctrine de l'*Humanitaire* doivent inspirer du *dégoût*, et qu'il éprouve pour lui la *réprobation la plus prononcée.* — Mais, quoiqu'il sache que les principaux écrits sur le Communisme sont les nôtres, et que notre doctrine, développée dans ces nombreux écrits et dans le *Populaire*, est toute différente de celle indiquée seulement dans deux numéros de l'*Humanitaire*, il ne parle pas de la nôtre, ne veut voir d'autre Communisme que celui de l'*Humanitaire*, et se contente d'affirmer que celui-ci est l'organe *le plus conséquent* de système Communautaire.

Peut-on n'être pas affligé de voir si peu de franchise, de bonne foi et de courage dans des hommes qui veulent attaquer une doctrine philosophique, et se faire les précepteurs du Genre humain !

§ 30. — Deuxième Adresse aux Ouvriers Communistes.

«Communistes, vous êtes aujourd'hui, plus que jamais, l'objet de l'animadversion des hautes classes et de la presse en général ; on vous dénonce à l'opinion publique ; on vous accuse de tendre à la destruction de la famille et de la propriété ; on vous représente comme de sombres fanatiques, comme des fauteurs d'anarchie qui ne reculeraient devant aucun moyen, si terrible qu'il fût, pour arriver à leurs fins. La presse radicale elle-même s'est vue contrainte de vous désavouer hautement, pour ôter aux ennemis du progrès tout prétexte de confondre dans la même réprobation les idées démocratiques avec vos idées de communauté.»

Toutes ces fureurs sont déchaînées contre la doctrine de l'*Humanitaire* et non contre celle du *Populaire*, de la *Fraternité*, du *Travail*, du *Voyage en Icarie*; et vous savez bien, vous, *Atelier*, que le premier n'a qu'un très petit nombre de sectateurs, et que la masse des Communistes est avec les autres. Tout ce qu'on dit contre ceux-ci n'est qu'une horrible, coupable, honteuse calomnie ; et vous auriez dû combattre les calomniateurs. Et calomniant aussi, la Presse radicale a fait preuve d'aveuglement et de faiblesse.

«Cette situation est fâcheuse pour le peuple en général, aussi bien que pour vous-mêmes. Permettez-nous donc de vous donner encore un *conseil d'ami.* »

Mais qui êtes-vous, vous qui parlez, pour nous donner un *conseil d'ami?* Êtes-vous M. *Buchez*, ou M. Corbon, ou etc.?... Cependant, nous écoutons, parlez !

« Et d'abord, nous vous dirons que votre persistance dans vos doctrines n'a rien qui nous étonne, et nous reconnaissons très volontiers que les critiques de la presse ne sont, en général, *guère propres* à ébranler vos convictions, et qu'elles ne font qu'exciter le public contre vous, sans vous donner raison de rien. Ce n'est point, en effet, avec des lieux-communs et par des accusations banales qu'on démontre les erreurs de doctrines, et qu'on change des croyances. Mais, gardez-vous de comparer votre position actuelle à celle de ces hommes qui, en d'autres temps, furent méconnus ou persécutés pour avoir apporté au monde une vérité féconde. La société ne vous accordera point ce caractère d'*apôtres de la vérité;* car l'idée fondamentale, le principe essentiel de votre théorie est *bien ancien*, et déjà à diverses époques, il a donné des *fruits tels* qu'il est permis de *craindre* de le voir triompher. »

Ainsi, vous reconnaissez que la Presse, même la Presse radicale, nous calomnie et nous outrage, sans rien démontrer. Nous en prenons acte ! — Vous prétendez que la Société ne nous accordera jamais le caractère d'*apôtres de la vérité*. C'est vous qui le dites : mais qu'en savez-vous ? Ne le disait-on pas aussi de bien d'autres ?—Vous parlez des *fruits* du Communisme. Mais quels sont les fruits du Catholicisme, du Papisme, du Buchézisme, du *compelle intrare* ?

« Si nous n'avions pas eu de longs et fréquents entretiens avec bon nombre d'entre vous; si nous n'avions pas lu à peu près tous les écrits Communistes, nous aurions encore pour ressource de puiser dans *nos propres souvenirs*, dans nos impressions particulières d'un autre temps, pour savoir ce qui est au fond de votre doctrine, pour savoir par quelle filière d'idées et d'excitations on y arrive, et jusqu'où elle peut conduire. Nous connaissons bien le Communisme, soyez-en persuadés; nous avons tous été plus ou moins travaillés par les idées qui vous travaillent; nous avons été amenés à des conclusions sociales *conformes aux vôtres*; nous tenions exactement le même langage que vous, et nous pensions aussi être un des plus avancés. *Aujourd'hui, nous sommes revenus à d'autres sentiments.* »

Ah ! Monsieur *Buchez*, c'est vous qui parlez ici ! Il m'est impossible de ne pas le croire et je le crois. Eh bien ! on dit que vous avez été matérialiste ardent, athée presque intolérant, puis Saint-Simonien enthousiaste, puis scissionnaire et catholique absolu armé du *compelle intrare*; et vous avouez ici, si je ne me trompe pas, que vous avez été Communiste, mais que vous ne l'êtes plus. Mais qu'est-ce que tout cela prouve ?... Cela prouve-t-il que Jésus-Christ a eu tort de recommander la Communauté...?

« Nous sommes aujourd'hui placés, par le fait de la position que nous avons choisie entre vous et vos adversaires directs; et, si nous désirons que *vous entendiez notre voix*, nous n'avons pas moins à cœur d'être entendus de ceux qui ne savent et ne veulent que vous accuser, pour entretenir l'hostilité publique contre vous. Nous espérons que vous ne vous méprendrez point sur nos intentions; croyez bien que nous sommes *pleins de sollicitude pour vous*, et que nous ne fassions ici la guerre qu'à des *erreurs* qui vous séparent du reste du peuple. »

Nous croyons, au fond, à votre *sollicitude* pour nous, et nous en avons de la reconnaissance. Mais notre sollicitude pour vous est égale à la vôtre, et, comme vous, nous ne faisons la guerre qu'à *vos erreurs*.

« .... Nous vous invitons, *en amis*, à faire un retour sur vous-mêmes, à *examiner* soigneusement la valeur morale des systèmes qu'on vous enseigne, et à tenir compte surtout des objections qui vous sont faites, et vous ouvrirez les yeux comme *on nous les a fait ouvrir à nous-mêmes*. »

Quoi ! parce que vous avez changé et varié, nous varierons et nous changerons ! Mais, puisque vous vous êtes trompé une fois, qui nous garantit que ce n'est pas maintenant que vous êtes dans l'erreur ?

« Car, nous pouvons le dire, nous avons eu aussi nos instants de doute et de défaillance; presque tous, nous avons voulu quitter la voie battue. Nous avons eu nos moments de révolte contre toutes les obligations qu'on nous imposait, et dont nous ne comprenions pas la raison. En un mot, nous avons subi, comme tout le monde, les conséquences de notre situation et de l'enseignement que nous avions reçu. Combien de fois, sous l'influence des lectures soi-disant philosophiques dont nous nourrissions notre activité, nous avons pris en pitié cette pauvre espèce humaine qui se déchirait continuellement de ses propres mains pour obéir à ces *préjugés* tandis qu'elle aurait pu vivre si tranquille! Que le passé du genre humain nous semblait triste et misérable! Le monde ne nous paraissait être, comme on dit, qu'un immense troupeau de dupes, exploité par une poignée d'intrigants. »

Ainsi, il n'y a rien de mieux à faire pour personne que ce que vous avez fait! Vos doutes, vos incertitudes, vos erreurs adorées et prêchées, puis reconnues et proscrites, voilà la perfection, le modèle à suivre!

« Dites-nous, *communistes*, si ces pensées-là ne sont pas les vôtres? S'il n'est pas vrai que vous aussi regardez la société avec mépris, en considérant un à un les obstacles qu'elle met à son bonheur, et qu'elle s'obstine à conserver? s'il n'est pas vrai que l'esprit de *nationalité* vous semble être un préjugé, et les batailles de peuple contre peuple une *atroce barbarie*? s'il n'est pas vrai enfin que tout ce qui est contraire au *bonheur* de l'homme soit mauvais pour vous? »

Oui, oui, oui, tout ce qui est *contraire au bonheur* de l'homme nous a toujours paru et nous paraît *mauvais!*

« Oui, tel est le point de départ de vos théories. D'une part, vous avez dit: « Le *bonheur* est le but de l'homme », et, d'autre part, considérant que toutes les sociétés humaines avaient semblé ignorer ce but, vous avez pensé qu'elles avaient erré jusqu'à ce jour, et vous avez repoussé toute objection qui s'appuierait sur l'expérience humaine, cette expérience étant jugée mauvaise. Vous avez *nié toute autorité;* la suprême certitude pour vous, c'est le bonheur; et, partant de là, vous avez imaginé ou vous avez accepté la théorie de la *communauté*, comme étant la plus convenable à vos sentiments, et la plus propre à réaliser le bonheur général.

Non, nous ne repoussons pas *toute autorité:* nous acceptons celle de la Raison et celle de Jésus-Christ, que vous méconnaissez vous-même! Oui, c'est parce qu'elle nous paraît *la plus propre à réaliser le bonheur général* que nous préférons la théorie de la Communauté.

« Vous avez tous la même idée fondamentale, mais vous êtes *divisés* sur quelques détails d'organisation. Les uns gardent plus ou moins de restrictions empruntées à la morale de la société actuelle, et veulent les imposer; d'autres, plus hardis, et certainement *plus logiques* (à leur point de vue), voudraient qu'on n'imposât aucune condition morale. Et voici le raisonnement qu'ils font: la science sociale ne peut être autre chose que la science du bonheur; or, toute contrainte, toute interdiction au plaisir est contraire au bien de l'homme, et l'homme ne doit pas s'y soumettre. »

Vous dites, vous, que c'est *plus logique;* et nous disons, nous, que c'est absurde: il ne peut y avoir de bonheur qu'en prenant les moyens nécessaires pour créer le bonheur; et ces moyens sont, pour nous, le travail, l'ordre, la morale, la fraternité.....

« Voilà par quelle suite d'idées on arrive à la négation de toute autorité, au mépris de tout le passé de l'humanité et de la nationalité, à l'oubli de tous les devoirs dont l'accomplissement n'amène pas de *jouissances positives*. »

Mots, phrases, suppositions, fables !..,

« . . . . *Nous nous embarrassons fort peu de l'organisation plus ou moins ingénieuse de la communauté;* chacun peut en imaginer une à sa manière, et l'on ne s'en fait pas faute. Nous recherchons surtout à faire ressortir ici les conséquences rigoureuses, inévitables du principe fondamental de la théorie. »

Non, ce ne sont pas des *conséquences rigoureuses, inévitables*. Il y a bonne et mauvaise Communauté, comme bonne et mauvaise Association, etc.

« Or, de même qu'aujourd'hui il y a des communistes qui veulent conserver la famille, et d'autres qui n'en veulent point, etc., de même il y aura toujours *division dans la communauté* (en supposant son établissement). Mais l'éducation, dit-on, préviendra ces divisions. Eh ! qui fera l'éducation ? ceux qui veulent le mariage, ou ceux qui n'en veulent pas ? Si la communauté entière est appelée à se prononcer, quel que soit son arrêt, il y aura des *mécontents*, qui se sépareront, et qui iront fonder une communauté rivale. Qui pourrait, avec justice, les empêcher de le faire ? Ils cherchent leur bonheur; et s'ils le trouvent, permettez--nous cette pensée grossière, dans la *sodomie* ou dans la *bestialité*, on n'a rien à leur dire. Prouvez-nous, en effet, qu'on n'aurait pas ce droit? Les Romains étaient des raffinés en fait de plaisirs, ils recevaient l'éducation du *bonheur*, et se livraient aux infâmes pratiques que nous venons de dire. En principe, d'après votre théorie, tout individu pourrait faire *tout ce qui lui plairait*, sauf nuire d'une manière positive aux autres membres de la communauté. »

Mais non, non, non ! Ce n'est pas la Communauté ! ce n'est pas celle du *Voyage en Icarie*; vous ne pouvez l'ignorer ! c'est une *fable* que vous faites, et nous sommes désolé de lui trouver l'apparence d'une *calomnie* ! — Quant aux dissentiments possibles dans la Communauté, montrez-nous donc une Société dans laquelle il n'y en ait point eu; montrez-nous comment vous les éviterez dans la vôtre.

« Mettez-vous bien dans l'esprit que nous ne sommes *pas ennemis de toute communauté;* loin de là; ce n'est pas elle que nous attaquons, c'est le principe essentiel de votre théorie, qui est, au contraire, un *principe de séparation et d'individualisme*, puisque le premier venu peut *faire autorité*, ou *nier l'autorité de tous les autres*. Ne voyez-vous pas qu'il en est déjà ainsi parmi vous, et que malgré que vous vous disiez communistes, vous n'avez de *commun* que le nom ? »

Et vous, Saint-Simoniens, Fouriéristes, Buchézistes, Réformistes, Démocrates, Républicains !!!...

« Plusieurs d'entre vous se croient fort *avancés*, parce qu'ils ont adopté la théorie du *bonheur*. Il n'y a pourtant pas en cela un motif d'être bien fier; car il y a longtemps que les hommes désirent le repos et les jouissances : la doctrine du bonheur est aussi vieille que le monde. Et si l'homme n'avait pas eu un *but plus élevé* que celui de ne vivre que pour jouir, *s'il avait été pour le bonheur*, enfin, comme vous dites, nulle force au monde, nulle volonté *n'aurait pu l'empêcher d'être heureux*, de même que nulle volonté et nulle force ne peuvent l'empêcher d'avoir faim. »

Et ne peut-on pas en dire autant de toutes vos idées, de toutes vos théories sur le Dévouement, sur le Devoir, sur la Morale, sur la Nationalité française, sur votre Association ouvrière !...

« Quoi ! l'homme aurait été obligé *d'attendre des milliers de siècles* pour *apprendre de vous* qu'il était fait pour lui-même, et qu'il n'avait d'autre but que de vivre avec toutes les jouissances possibles. — Nous comprenons qu'on ait des désirs de bien-être d'autant plus vifs qu'on subit plus de privations ; mais cependant il ne faut pas s'égarer ainsi, et oublier que nous sommes *faits pour travailler*, pour travailler *toujours*, et que la seule chose que nous puissions exiger, c'est la *suffisante vie*, c'est-à-dire un bien-être suffisant pour que nous puissions remplir convenablement notre fonction. Hors de là tout est *absurde* et *dangereux*. »

Mais prouvez donc, prouvez, sans vous contenter d'affirmer et de trancher comme un Prophète ! — Quoi ! dites-vous, l'homme aurait été obligé *d'attendre* des *milliers de siècles* pour *apprendre de vous* qu'il était fait pour lui-même ! D'abord, que parlez-vous de *milliers de siècles ?* Ensuite, on ne nous a pas attendu pour le dire dans tous les temps. Enfin, on vous a bien attendu, vous, pour apprendre de vous ce que c'est que la Nationalité française, etc., etc. !...

« Nous nous arrêtons, quoique nous ayons encore beaucoup à dire. En finissant, nous vous prions de n'être pas blessés de ce que nous avons dit : il faut attaquer de front les erreurs, quelque part qu'elles se trouvent ; cela n'empêche pas de faire des réserves pour les personnes ; nous les avons faites. »

Nous aussi ! Et nous voudrions ne jamais blesser personne !

« *Croyez-nous*, il y a une *Communauté* instituée depuis longtemps, et dont vous êtes aussi les membres ; cette Communauté a pour devoir et pour fonction de faire tout le bien possible au monde ; mais pour cela, il faut que tous ses membres soient d'accord et bien disposés au *dévouement* et à la *discipline* : rentrez donc dans les rangs ; soyez tout bonnement *de bons et braves patriotes*, comme autrefois, et non-seulement on débarrassera la patrie de tous ses ennemis intérieurs et extérieurs, mais encore on pourra réaliser un *bien-être raisonnable* que vous attendriez vainement avec votre *singulière doctrine*. »

Croyez-nous, devenez *Communiste !* nous défendrons ensemble la Patrie contre ceux qui l'attaqueront ; nous pratiquerons la morale, le devoir, le dévouement, la fraternité, envers tous les hommes et tous les Peuples ! Renoncez à votre *singulière doctrine*, qui parle de fraternité et qui repousse ce que Jésus-Christ recommandait comme la seule réalisation de la Fraternité.

Mais l'*Atelier* déclare enfin la guerre aux Communistes à l'occasion du procès *Quenisset*, en attaquant les accusés comme Communistes, quoiqu'ils ne le soient pas et que plusieurs, entre autres *Auguste Petit*, soient de ses propres *fondateurs*.

§ 31. — Guerre aux Communistes et à M. Cabet.

Dans une adresse aux Pairs, l'*Atelier* flétrit le Communisme comme une doctrine *désorganisatrice* et *démoralisante*, comme une théorie *stupide* autant que *dangereuse* pour l'ordre Social, qui *nie* Dieu, la morale, la patrie, la famille, la propriété, comme un *dévergondage intellectuel*. Il avoue que c'est *pour combattre* ces funestes tendances qu'il s'est fondé. Il dit qu'il faut *arrêter la contagion*, invoque la *rigueur des lois* contre les éducateurs du Peuple, et rappelle qu'il fallut condamner judiciairement les Saint-Simoniens. On conçoit combien peut être funeste aux accusés et aux Communistes cette attaque de la part d'un journal rédigé par des ouvriers ! N'est-ce pas bien hardi, bien tranchant, bien hostile pour de simples ouvriers rédacteurs de l'*Atelier*? — Il attaque aussi avec la dernière violence les *Saint-Simoniens*, les *Fouriéristes*, M. *Proudhon* et surtout M. *Cabet*.

Dans notre premier prospectus du *Populaire*, publié en octobre, nous disions : « Le *Populaire* offrira surtout ses *sympathies* au nouveau journal l'*Atelier*.— Cependant l'*Atelier* (n. 10 et 11) ayant critiqué les Communistes et les journaux Communistes, le *Populaire* (n. 5) repousse ses critiques sans employer un mot blessant. —Tout-à-coup, l'*Atelier* (n. 14) attaque M. *Cabet*, personnellement, avec une violence inouïe, lui prodiguant l'ironie, le sarcasme, l'outrage, la calomnie. Et pourquoi? Parce que le *Populaire* n'est pas de l'avis de l'*Atelier* sur la question des Conseils de *Prudhommes!!!..*—Puis bientôt, à l'occasion de l'attentat *Quenisset*, l'*Atelier* accable les Communistes, calomniés, persécutés, presque proscrits; et M. Cabet repousse les dangereuses attaques de l'*Atelier* pour défendre les Communistes. — Enfin, l'*Atelier* s'oublie jusqu'à imprimer, avec réflexion et préméditation, que M. Cabet est FOU et a besoin des secours de la *science médicale*.

Mais tout cela est tout simple : le *National*, l'*Atelier*, et probablement M. *Buchez*, font cause commune *pour les Bastilles* et CONTRE LES COMMUNISTES, tandis que nous combattons les bastilles et défendons les Communistes contre le *National*, l'*Atelier*, etc. — Nous avons soutenu que le *National* a compromis le pays en demandant les bastilles, en dégoûtant des pétitions, en calomniant, dénonçant, persécutant, irritant les Communistes, et nous persistons à le soutenir : l'*Atelier* doit donc nous attaquer, puisqu'il défend la loyauté du *National* et que le *National* le loue, l'encourage et l'excite.

Nous ne nous abaisserons pas à nous justifier contre les outrages d'hommes dont beaucoup n'étaient pas nés quand nous étions depuis longtemps sur la brèche, criblé de blessures : notre vie tout entière et nos écrits sont là pour montrer si nous sommes *sans dévouement* et frappé *de folie*. Nous nous bornons à déplorer profondément que des ouvriers montrent si peu d'égards et tant de témérité envers un des vétérans de la cause populaire, et nous le déplorons dans l'intérêt du Peuple lui-même, car ils ne sont pas déja trop nombreux et trop ardents ceux qui veulent se dévouer à l'humanité!

Quant au *système*, nous persistons à soutenir que la *Communauté* est plus rationnelle, plus juste, plus fraternelle, plus chrétienne, plus morale, plus efficace, plus praticable même, que les idées de l'*Atelier*. Que M. *Buchez* ou le *National* présente un *plan d'organisation sociale*, soit définitive, soit préparatoire ou transitoire; et nous le discuterons avec une consciencieuse attention.

10 mars 1842.

CABET.

VOYAGE

EN ELDORADO.

Dans son numéro d'octobre, l'*Atelier* affirme que le *Voyage en Icarie* n'est qu'une 2e *édition* APPAUVRIE du *Voyage en Eldorado*, par Voltaire. — D'abord, puisque Voltaire était *Communiste*, messieurs de l'*Atelier* ne pourraient-ils pas avoir un peu plus d'égards pour les Communistes? En second lieu, il ne suffit pas d'émettre une assertion tranchante, comme si l'on était assez connu et assez grand pour mériter d'être cru sur parole; il faut prouver, citer, analyser; il fallait analyser et comparer les deux Voyages. Mais puisque ces messieurs dédaignent de le faire, nous allons y suppléer; et l'on pourra juger de leur science, de leur circonspection et de leur bonne foi!

Le *Voyage en Eldorado* n'est qu'un épisode, d'une quinzaine de pages, dans le petit roman de *Candide*, tandis que le *Voyage en Icarie* est un ouvrage spécial, un traité complet sur la Communauté, en deux volumes in-8° de 400 à 500 pages. — Le *Voyage en Eldorado* ne contient d'autres descriptions que celles des richesses naturelles et accidentelles qui se trouvent dans le pays, près du Pérou. On y parle surtout de l'or en pierres, en terre, en boue, des émeraudes, des rubis, des diamants, des sophas en plumes de colibris, des singes et des perroquets dont la chair est excellente, des moutons qui remplacent les chevaux; mais on n'y donne aucun détail ni sur l'industrie, ni sur l'agriculture, ni sur l'éducation, ni sur aucune des questions de l'organisation sociale et de l'organisation politique, tandis que, dans le *Voyage en Icarie*, il n'est pas une de ces questions qui ne soit discutée et décrite dans son application.

Comme tous les Philosophes, *Voltaire* paraît convaincu de la toute-puissance du principe Communautaire, car il parle de repas communs ou du moins d'hôtelleries publiques entretenues par le Gouvernement, de machines pour escalader les montagnes; mais il ne montre aucune idée d'organisation. — Du reste, voici l'analyse de ce *Voyage en Eldorado*.

Analyse du voyage en Eldorado.

Candide et son valet *Cocambo* errant à l'aventure, entrent dans un canot qu'ils trouvent sur le rivage et se laissent aller au courant de la rivière, qui les entraîne sous une voûte de rochers épouvantables qui s'élèvent jusqu'au ciel. Le fleuve les emporte avec un bruit horrible. Au bout de vingt-quatre heures, ils sortent de ce passage souterrain; mais leur canot se fracasse contre des écueils, et cependant ils parviennent au rivage du pays d'*Eldorado*, bordé de montagnes inaccessibles. Le pays est cultivé pour le plaisir comme pour le besoin; partout l'utile est agréable. Les chemins sont couverts ou plutôt ornés de voitures d'une forme et d'une matière brillantes, portant des hommes et des femmes d'une beauté singulière, traînées rapidement par de gros moutons rouges qui surpassent en vitesse les plus beaux chevaux de l'Andalousie.

Près d'un village, des écoliers couverts de brocards d'or jouent aux palets, qui sont de l'or, des émeraudes et des rubis.

Les voyageurs et les voituriers sont nourris gratuitement dans des hôtelleries dont les garçons sont vêtus de drap d'or et dans lesquelles, au son de la musique, on sert des colibris, des oiseaux-mouches, des perroquets, des singes, des vautours de deux cents livres, des ragoûts exquis, des pâtisseries délicieuses, dans des plats de cristal de roche.

Dans les maisons, les portes et les lambris sont d'argent, d'or, incrustés de rubis et d'émeraudes. On boit dans des vases de diamants.

On y voit des vieillards de 170 ans.

Les habitants ne sortent pas du pays, bordé de précipices et de montagnes inabordables. Aucun étranger n'y pénètre.

On y reconnaît un Dieu, et chacun le remercie de ses bienfaits : mais on n'y voit ni moines, ni prêtres, ou plutôt tout le monde est prêtre.

Candide et son valet sont conduits au palais du Roi dans un carrosse traîné par six moutons qui volent. Le portail, de 220 pieds de haut et 100 de large est composé d'une matière plus précieuse que l'or et les pierreries! Vingt belles filles de la garde reçoivent les voyageurs, les conduisent au bain, les vêtissent de robes formées d'un tissu de duvet de colibri. Puis, les grands officiers et les grandes officières de la couronne les mènent, au milieu de 2,000 musiciens, à l'appartement du Roi. Sa Majesté les embrasse et les prie à souper. En attendant, on leur montre la ville, les édifices publics élevés jusqu'aux nues, les marchés ornés de mille colonnes, les fontaines d'eau pure, les fontaines d'eau de rose, celles de liqueurs, de cannes de sucre coulant continuellement daus de grandes places pie rreries odorantes. Mais il ne peuvent voir ni parlement, ni tribunaux, ni prisons, car il n'y a pas de procès. On leur montre le palais des sciences et une galerie de 2,000 pas remplis d'instruments de mathématique et de physique. — Au souper, la chair est exquise, et Sa Majesté étonne par son esprit et ses bons mots.

Cependant, après un mois de séjour, Candide veut partir : mais il ne peut ni remonter le fleuve par lequel il est arrivé, ni sortir par les montagnes, à pic, de 10,000 pieds de hauteur. Trois mille bons physiciens travaillent pendant quinze jours à une machine qui les transporte au-dessus d'une montagne, ainsi que 80 moutons chargés d'or, de diamants et de pierreries.

Voilà, en substance, le *Voyage en Eldorado*, dans lequel les mots de *communauté*, *égalité*, *fraternité*, *propriété*, ne sont pas même prononcés. On pourrait l'appeler un *conte de fée*. S'il tient à la Communauté, c'est uniquement par les hôtelleries gratuites et par l'absence de procès et de prisons. Comment est-il donc possible de dire que le Voyage en Icarie est une *deuxième édition* APPAUVRIE de cet opuscule ? Si l'on disait que le Voyage en Icarie a été fait d'après *l'Utopie de Thomas Morus*, d'après la *Basiliade de Morelli*, et d'après vingt autres ouvrages cités et analysés dans ce Voyage même, on commettrait une erreur, qui du moins serait sans invraisemblance : mais affirmer que c'est une *deuxième édition* de l'Eldorado et une deuxième édition APPAUVRIE, n'est-ce pas manifester la plus crasse ignorance ou la plus sotte témérité, ou la plus inexcusable envie .. ..ecner et de paralyser un homme qui consacre ses veilles à l'intérêt du Peuple !

www.ingramcontent.com/pod-product-compliance
Ingram Content Group UK Ltd.
Pitfield, Milton Keynes, MK11 3LW, UK
UKHW021531260726
13993UKWH00004B/1930

9 782329 153612